# フィーチャリング力

## あなたの価値を最大化する奇跡の仕事術

VERBAL《バーバル》

JN299921

# はじめに——1＋1が3になる奇跡

みなさんが僕、VERBALのことを知ってくれているとすれば、音楽グループm-floのラッパーとしてだと思います。デビューしたのは1999年で、幸せなことに今でも活動を続けられています。ただ、これまでがずっと順風満帆だったわけではありません。もともと、僕らは三人組でしたが、ボーカルを担当していた女性メンバーがソロになったことで、大きな転機を迎えました。そこでスタートしたのが、「loves」プロジェクトです。2003年から2008年までの5年間にわたって行ったこのプロジェクトでは、当時は無名の新人から和田アキ子さんや坂本龍一さんのような大御所まで、計41組をフィーチャリングした楽曲を作ってきました。

二人組になった僕らが、新たなスタート地点から前進することができたのは、このような数々のフィーチャリングが一つ一つ実ったからと言えます。また、僕はソロとしても多数のアーティストの楽曲に参加し、さまざまなコラボレーションを行ってきました。僕は、日本のミュージシャンの中では誰よりも多くのフィーチャリングを行ってきた自負があります。そんなフィーチャリングという方法論を仕事術としてまとめたのが本書です。

「featuring《フィーチャリング》」とはいったいどういうものなのか。簡単に説明したいと思います。たとえば「A feat. B」という言葉は「Bさんをメインゲストに迎えた、Aさんの楽曲」ということを意味します。ヒップホップやR&Bの分野で生み出されたこの手法は、今では徐々に音楽シーン全体に広まり、現在、アメリカではビルボードTOP10の大半をフィーチャリング楽曲が占めるようなことも珍しくありません。

ミュージシャンの仕事術では、みなさんの仕事とは関係がないと思われるかもしれません。

実は、僕はボストンの大学を出た後、短い期間ながら証券会社に勤めた社会人経験があり、今も音楽活動をする一方、本名の柳榮起《りゅうよんぎ》として、「有限会社 柳」の代表取締役社長も務めています。この会社では、ビジュアルディレクターである妻と二つのブランドを立ち上げ、経営はもちろん、商品企画や販売を行っています。また、自分が出会った新しい才能を世に届けたいと思い立ち、マネージメントオフィスも立ち上げました。その代表としてイベントのプロデュースを手がけるような仕事も多くなっています。

ビジネスのときは当然サングラスをしていませんし、企画書を作って打ち合わせもするし、ビジネスマナーを大切に仕事をしています。もちろん、気ままにラップすることはなく、丁寧に日本語をしゃべっていますよ（笑）。

仕事の幅が広がるにつれて、その相手もカニエ・ウェストやファレル・ウィリアムスなど海外の大物ミュージシャンにまで広がり、さらにはコカ・コーラやルイ・ヴィトン、リーボックなど世界的な企業と一緒に仕事をする機会も増えてきました。いくつもの立場・役割を切り替えながら、多くのアーティストや企業とチームを組んできた中で見えてきたことがあります。それは結局どのような仕事にも、フィーチャリングの考え方が有効なのではないかということです。僕が「loves」プロジェクトの経験で得ることができたフィーチャリングについてのノウハウは、音楽以外の仕事にもあてはまると感じることがとても多いのです。

インターネットの登場などで時代の変化は急速になり、企業や消費者のニーズもどんどん細分化しています。組織・会社の枠を越えて、さまざまな立場の人と一緒にチームを組んでプロジェクトにあたるようなケースが増えているのは間違いありません。目的を達成するために、他者（他社）とより速く、より深くつながることが求められていて、フィーチャリングを活用できる舞台が数多く存在すると思うのです。

僕はこのフィーチャリングという作業の本質を、

**相手の特性・能力を引き出し、成果物の価値を最大化する方法**

ととらえています。

フィーチャリングというのは、単なる足し算ではありません。相手の力をうまく引き出すことで、１＋１で導き出される答え（成果物）を２ではなく３にも４にもできるのが、フィーチャリングの魅力なんです。

僕自身、今まで誰もやってこなかったようなことを、フィーチャリングで誰かの力を借りることで実現するということを繰り返してきました。それら一つ一つの結果は、僕一人の能力を考えれば奇跡のようなものだったと思っています。

誤解を恐れずに言えば、フィーチャリングは究極の他力本願なのかもしれません。けれども、それは単なる人任せではありません。相手のことをよく知り、相手の能力を最大限に発揮してもらわなければ、奇跡＝成功にはつながらない。そのために必要なのは、何よりも自分自身の力なのです。そして、それこそがフィーチャリングスキルです。

さらに僕は、このフィーチャリングのスキルを磨くことで、最終的には「自分自身の価値を最大化する」ことも可能だと思っています。なぜならば、フィーチャリングする相手というのは、あらゆるものに応用でき、他ならぬ自分自身をもあてはめることができるからです。

この本を書くにあたり、フィーチャリングという考え方で、今までのビジネスの経験を整理してみると、改めてフィーチャリングがもたらす力が、あらゆる分野で有効であるということを確信しました。もしかしたら、みなさんもすでに、無意識のうちに何かしらのフィーチャリングを行っているかもしれません。しかし、意識的にフィーチャリングを実践することで、これまで以上に素晴らしい結果を導き出せると思っています。

本書がみなさんをフィーチャリングし、みなさんがそれぞれの現場で奇跡を生み出すきっかけになることを願っています。

# 目次

はじめに――1＋1が3になる奇跡 003

第1章 フィーチャリング 3つの極意 013

- フィーチャリングは、「ラブコール」から始まる 014
- プレゼンテーションは、相手が喜ぶ「プレゼント」 020
- 行動のない思想は空しくて、考えのない行動は行き当たりばったり 026

Column 1 当たり障りのないことなんて、やらないほうがいい 030

第2章

フィーチャリングスキル 初級 ～対 同僚・部下・後輩編 031

■すべては相手に合わせることから始まる 032
■大切なことは雑談に隠れている 036
■プライドの壁を乗り越えろ 040
■君の胸騒ぎは間違っている 045
■出る杭は打たずに引っこ抜く 050
■「偉くなりたい病」に気をつけろ 055
■モチベーションは形ある評価で育つ 059

Column 2 ブレイクと恋愛は似ている 064

第3章
## フィーチャリングスキル 中級 〜対 上司・先輩編　065

- チャンスの女神は真面目じゃない　066
- 下手《したて》に出過ぎることはない　071
- 初めての飲みの誘いは断らない　076
- ノーと言えるイエスマンになろう　080
- 苦手意識のカーテンをめくれ　084
- 自分を知ることが仕事の半分だ　089
- 優れた企画書は夢と現実の両方でできている　094

Column 3　どうせやるなら大きく派手なことを　100

第4章
## フィーチャリングスキル 上級 〜対 ゲスト・クライアント編　101

- 心の盾をかいくぐれ　102

□チャンスは貯金できない 107
□クリエイティブと営業を兼任する 112
□てっぺんのチェリーが輝いているか 116
□どこまででも会いに行く 120
□なんとなく始めると「なあなあ」になる 125
□目に見えないあみだくじをたどれ 130

Column 4
産みの苦しみばかりだが、死ななきゃ強くなる 134

第5章
超フィーチャリングメソッド 〜対 組織・状況・自分編 135

□組織と組織をつなぐ 136
□フィーチャリングで国境を越える 141
□マイナス要素を逆手にとる 146
□セルフブランディングこそ成功の鍵 150

Column 5
お金を稼ぐことはアートだ 156

第6章
フィーチャリングで起こす奇跡の仕事 157
■一生できる仕事なんてない 158
■ネクストステージは無謀なことの先に待っている 163
■仕事で奇跡を起こすには 168
■日本という国をフィーチャリングする 173

おわりに――フィーチャリング 最後の極意 177

# 第 1 章

# フィーチャリング 3つの極意

# フィーチャリングは、「ラブコール」から始まる

今の時代、インターネットの発達によって、これまで多くの人手を必要としていた作業が一人でもできるようになってきました。PC一つあれば、自宅にいても個人で独立して仕事をすることが容易《たやす》くなってきたと言えます。それゆえセンスがあって努力さえすれば、一人で何でもできると錯覚しがちです。

けれど、会社、街中、家庭など、自分の身の回りをよくよく見渡してみれば、多くの仕事は一人だけで完結する作業ではなく、誰か他の人との共同作業の中で進んでいく物事ばかりです。これは単に、時間や人手などの物量的なことばかり

を言っているわけではありません。規模の小さな仕事でも、相反する個性の人同士が力を合わせることで、一人では作り出せないものを作ることができます。つまりは、効率化や便利な道具が増えて、一人でできる部分が大きくなればなるほど、**「一人ではできないこと」の真価が、より問われるようになっているとも言えます。**

僕は音楽やファッションの分野で仕事をしていますが、この事実は、どんな業界や業種であっても同じ。商品開発であれ、営業であれ、誰も見たことのないような素晴らしい成果を生み出すためには、そこに携わる一人一人が、それぞれの力をうまく合わせて仕事にあたることが必要です。そのために、一緒に働く人の力を最大限に引き出して「1＋1」を3にも4にもするのがフィーチャリングの極意なのです。

では、フィーチャリングの考え方を仕事に活《い》かすためにはどうすればいいか？　僕がまず言いたいのは、フィーチャリングは「ラブコール」から始まる、ということです。

m-floが2003年に「loves」というフィーチャリングのプロジェクトを始めたときも、まさにこのことを意識していました。このプロジェクトにおいては、楽曲をリリースするときの名義には、必ず「m-flo loves ○○」のように参加してくれたアーティストの名前を入れています。

この名義にも、自分たちがやっているのはラブコールなんだ、という意味が込められていたのです。

「loves」プロジェクトは、m-floというグループに固定的なメンバーとしてのボーカリストを置かず、毎回異なるゲストボーカルを迎えて曲を制作するという、当時としてはかなり画期的な試みとして始まりました。しかし僕らは、単に「有名な〇〇さんと一緒にコラボしたら話題になるかも」というような甘い考えでフィーチャリングを始めたわけではありません。むしろ、「loves」のフィーチャリングは、大きな悩みを抱えた中で生まれた発想でした。

m-floは、ボーカリストのLISA、トラックメイカーの☆Taku、ラッパーの僕という三人組でメジャーデビューしました。その後、セールス的に大きな成功を収めたものの、デビューから3年後の2002年にLISAが脱退。☆Takuと僕にはm-floを続けたい意思はあったものの、次のボーカリストをどうするのか、誰をメンバーに迎えればいい曲ができるのか、わからなかった。LISAの持っていた個性を超える歌い手が見つからなかったんです。そこで、代わりになるメンバーを入れるのではなく、一曲一曲、相手の人を見つけて、その人のよいところを最大限に活かすような曲を作ろうと思った。それが「loves」というプロジェクトのスタートでした。

しかも、僕らの仕事は誰と一緒にコラボをするかを考えるだけでなく、それを相手にオファーする過程にも関わっていました。レコード会社のスタッフにすべて任せてしまうのではなく、どうお願いするかを僕自身も考え、時には直接相手にコンタクトをとって、フィーチャリングをお願いしてきました。だからこそ、**「あなたの歌声が大好きです。だから、あなたが必要なんです」ということを、参加するアーティストの一人一人に伝えることができたんです。**

アーティストと楽曲を制作する場合だけでなく、仕事の場でもこの考え方は同じです。僕は、誰かに仕事をお願いするときには、それが常にラブコールであるように意識しています。**あなたの得意としていることや、持っているものが、自分はとても好きだし、必要としている。だから一緒に仕事をしたい。そういう思いを伝えるのがラブコールです。**

つまり、もしあなたが誰かに仕事を依頼したいならば、その相手に対して「あなたの実力やスキルを尊重している。だから、あなたの力を貸してほしい」ということを、まず伝えることが大事になります。これはゲストや取引先だけでなく、先輩や後輩、同僚が相手でも同じ。

誰かに仕事をお願いするときのコツは、いわばラブレターを書くような気持ちになることなのです。ラブレターを書いて思いを伝えるときに、いい加減な書き方をしようとする人はいませんよね？　異性を口説くときにも、きちんと思いを伝えないと相手の信頼を得ることはできない。「あなたのこういうところが好きなんです」と、自分の思いを伝えることが、まず一番大事なこと。これを仕事に置きかえるならば、「〇〇さんと一緒じゃないと、〇〇のプロジェクトはうまくいかない」とか、「〇〇さんがいないと、新商品を〇〇のマーケットに広げられない」というように、**相手をリスペクトする部分を、誠意を持って具体的に伝える。**そうすると、言われたほうは嬉《うれ》しいし、やる気になってもらえる。実力を存分に発揮して仕事にあたってくれるようになるでしょう。

フィーチャリングを成功させるためには、相手にラブコールをすることがまず必要になるのです。

# ラブレターを書くような気持ちで相手に仕事を依頼しよう

まずは一緒に仕事をする相手に
「あなたの実力やスキルを尊重していて、必要としている」
と伝えることが、フィーチャリングの始まりです。

*A presentation must be a "present" to those presented.*

# プレゼンテーションは、相手が喜ぶ「プレゼント」

フィーチャリングをするときに**気をつけるべきポイントは、自分が提案したことに相手が価値を見出《みいだ》すかどうかです。**いかに「この人とフィーチャリングをしたい」と熱意を持ってアプローチしても、「あなたと一緒に仕事をして何のメリットがあるの？」と相手に思われてしまったら、それは１００％成功しない。

子供や学生同士、遊び仲間のような関係だったら「この人と仲良くなりたい、一緒に遊びたい」という気持ちだけで人を誘うこともあるでしょう。けれど、大人として誰かに仕事をお願いすること、自分のプロジェクトに参加してもらうということは、たとえ相手が有名な人であろうが若手であろうが、その人に時間を割いてもらい、それを自分のために使ってもらうということです。相手に「時間を使ってもいい」と思ってもらうためには、まずはその人にとって参加する価値があると思ってもらえる内容を、こちらから提案する必要がある。そのために行うのがプレゼンテーションです。

特に、僕が一緒に仕事をしたいと思う相手は、たいてい、人気があって忙しい人たちが多い。そういう人に時間を割いてもらうにはどうするか？　まずは、その相手にとって価値があるものは何かを考えて、おもしろいと思ったり喜んだりしてもらえるコンセプトやアイディアを提示します。**それが何も浮かばないようだったら、アプローチすることをあきらめることすらあります。**

m-floの「loves」プロジェクトでも、ただ「一緒に何かやろうよ」と言うだけでなく、どんなことをやりたいのか、その人が参加することでそれがどう実現するのか、ある程度のコンセプトを必ず最初に説明していました。たとえば、その人が今までやったことのないことを提案して、それをおもしろいと思ってもらうことで、オファーを受けてもらったということがありました。

坂本龍一さんにフィーチャリングをお願いしたときもそうでした。ちょっとやそっとのことじゃ教授はおもしろいと思わないだろうから、僕らの曲では、あえて教授にラップをしてもらおうと思った。それも、普通にラップをするのではなく、「あ」「い」「う」のように、一文字ずつ発音してもらったものを、音楽ソフトで切り貼りして一風変わったラップに仕上げたい、と伝えた。

教授は昔からユーモアをすごく大事にするような印象の方だったので、「不思議なラップをしてもらえませんか?」という僕らの提案をおもしろがってもらえたのかもしれません。

**相手がまだやったことのないことをできる機会や、まだ持っていないものが手に入るようなチャンスを用意する。**そして、そのことをきっちりと相手にプレゼンテーションする。そういう発想がないフィーチャリングはうまくいかないと思います。いかに自分がやりたいことでも、相手がメリットを感じないものや、すでにやったことのあること、その機会を与えられても喜ばないものだったら、そこで話は終わりです。たとえば、女の子へのプレゼントに高価な指輪を買って持って行ったとしても、その子がすでにまったく同じ指輪を身につけていたとしたら、きっと喜んでもらえませんよね? それと同じ。つまり、プレゼンテーションをするときには、それが相手へのプレゼントであるということを意識するのが大事なのです。

もちろん、フィーチャリングを持ちかける相手にとっての「やったことのないことをできる機会」や「持っていないものが手に入るチャンス」をなかなか用意できないこともあります。しかしそういうときでも、**伝え方やタイミング、内容を工夫することで、相手が自分の提案に価値を感じてくれることもあります。同じプレゼントでも、どう渡すかによって、相手が嬉しく思うかが変わってくるのと同じです。**

２００５年に和田アキ子さんが参加した「ＨＥＹ！」という曲を作ったときにも、そのことを強く意識しました。この曲は、もともと僕らが作ったトラックが先にあり、そこにどんな人が参加したらピッタリとハマるだろうかと考えたことから、和田アキ子さんをフィーチャリングしてみてはどうかというアイディアが生まれた曲です。ビッグビートというジャンルの、とてもハードでソウルフルなボーカリストがピッタリな曲だったので、アッコさんのようなパワフルな歌声が合うと思ったわけです。しかし、当時は僕らと和田アキ子さんには接点もありませんでした。有名な方ですし、キャリアもあるし、断られても当然というダメ元のオファーでした。

なので、自分たちとフィーチャリングすることでのアッコさんにとってのメリットは何だろう？　と知恵を振り絞って考え、プレゼンしました。m-floというグループのこと、「loves」というプロジェクトのこと、そしてアッコさんに参加してもらう楽曲のコンセプトを、なんとか興味を持ってもらえるように説明しました。しかし何より、すでに曲を作っておいて、その曲にはアッコさんの歌声じゃないと合わないんです、とお願いしたのが大きかったと思います。ほとんど飛び込みのような形でオファーをしたのに、オーケーしていただいた。曲を作ってリリースしただけではなく、一緒に紅白歌合戦に出るという得難い体験にもつながりました。

後々アッコさんに聞いたら、自分の本職はシンガーであるという思いが強かったので、実はこういう話をもらって嬉しかったという話をしていただきました。アッコさんは、本当に歌を愛してやまない人なんです。歌っているときの様子からも、それがよくわかる。だからこそ「アッコさんの歌声のこういうところが好きです、だから一緒に曲を作りませんか」という僕らの提案を喜んでもらえた。そのことが、フィーチャリングの成功につながったと思います。

プレゼンテーションとは、相手へのプレゼントです。誰だって、自分が本当に好きなことをわかってもらえたら嬉しくなる。だからこそ、相手が欲しいものや、愛するもの、刺激を感じるものは何か、それを踏まえて話をするのが大事なんです。自分のやりたいことばかりをしゃべるプレゼンは、ほとんど失敗します。そういう話は2分でつまらないと思われてしまう。

**相手に「ひと肌脱ごう」と思ってもらい、いい仕事をしてもらうには、その相手に、まずは喜んでもらえる「プレゼント」をしないといけないのです。**

# どうすれば相手が喜ぶか？
# それがフィーチャリングを
# 成功に導く鍵

フィーチャリングを提案するときには、
自分のアイディアを話すだけでなく、相手にとってどんなメリットがあるのか、
相手が何に価値を感じるかを考えることが必要です。

*Thoughts without content are empty,*
*intuitions without concepts are blind.*

# 行動のない思想は空しくて、考えのない行動は行き当たりばったり

やりたいことがあっても、なかなか人が協力してくれず、それを実現できないという人は多いと思います。もしくは、自分のやっていることがなかなか周囲から評価されないと感じている人もいるんじゃないでしょうか。特に、クリエイティブな仕事をしている人の中には、そんな悩みを抱えている人は多いと思います。マニュアルのないクリエイティブな仕事を形にする上で僕が肝に銘じていることがあります。それは**考えと行動のどちらかが欠けても物事はうまくいかないということです。**

哲学者のカントは、「Thoughts without content are empty, intuitions without concepts are blind.（内容なき思惟《しい》は空虚であり、概念なき直観は盲目である）」という名言を残しています。とても深い意味を持つ言葉ですが、少し難しいですよね。これを僕なりに意訳すると、「行動のともなわない思想は空《むな》しくて、考えのない行動は行き当たりばったり」ということになります。

行動のともなわない思想は空しいというのは、言いかえれば、どんなにいいセンスを持っていたり、クオリティの高いアイディアを持っていても、自分のプライドや私利私欲にとらわれたりして、それを他人へ伝えようとする誠意ある行動がなければ、結局形にならず評価もされず、すべて無駄になってしまうということです。

たとえば、とてもかっこいい音楽を作っているのに、それをうまく評価につなげられない人がたくさんいます。そういう人は、たいてい人に伝えようとする誠意が足りない。自分がかっこいいと思うことばかりをやりたがり、余計なプライドが邪魔をして「俺はそういうことはやりたくない」と、受け手の立場に立って行動をすることができないのです。目の前の相手に対して協力的な応対ができないせいで、感じが悪い人、面倒な人と思われて人から遠ざけられていくような人もいます。そういう人は「俺はこんなにいい音楽を作っているのに、どうしてうまくいかないんだ」とネガティブなことを考え始める。そうこうするうちに、その人や周りのシーン自体が廃《すた》れていってしまう。僕はそういう例をたくさん見てきました。**せっかくセンスとクオリティがあっても、人に対して誠意ある行動がともなわないと、宝の持ち腐れになってしまうのです。**

一方で、「考えのない行動は行き当たりばったり」というのは、行動力ばかりあっても、その核となるようなクリエイティブなアイディアだったり、それを支える設計図がなければ、焦点を結ばないクオリティの低い結果になってしまうということです。

たとえば「何かおもしろいこと、すごいことをやりたい」ということだけを熱く主張するようなタイプの人をよく見かけます。そういう人は「俺は最高のパーティをやりたいんです」というようなことを言って、いろいろな人に声をかけて周りを巻き込んでいくのですが、「どんなＤＪを呼んで、どんなパーティになるの？」と様子を聞くと、「とにかくイケイケなＤＪを呼んで、盛り上がるパーティにしようと思っている」とぼんやりしたことしか答えられない。**何かを実現しようという行動力はあっても、その肝心の何かの核がなくて、残念なものしかでき上がらない。**

考えと行動を兼ね備えること。これは、僕の仕事のすべてにおける極意と言っていいかもしれません。僕はことあるごとに自分に対してこのフレーズを言い聞かせています。

# 物事を成功させるためには
# 思想と行動を兼ね備えることが
# 大事だ

素晴らしいアイディアや方法と、いろんなものを巻き込んで
物事を前に進める行動力は、どちらか片方が大事なわけではなく
両方とも欠けてはならないものです。

Column 1

## 当たり障りのないことなんて、やらないほうがいい

新しいことをやりたい。前例のないおもしろいモノを作りたい。それが僕が仕事をやる上での最大のモチベーションです。もちろん、誰かがすでにやっていること、すでにうまくいっていることを真似るほうが楽です。コピペで済むんだったら、それでいいと考える人は多いでしょう。でも、それじゃあおもしろくない。ファッションにしても音楽にしても、新しくて変わったものが好きだし、どうせやるなら変わっていると思われるほうがおもしろい。中途半端なことをやってもしょうがない。当たり障りのないことなんて、やらないほうがいい。「無難なだけのクリエイティブに何の価値があるの？」と思ってしまうほうです。

ジュエリーブランドを立ち上げたのも、僕が欲しいと思うものが世になかなかなかったから。「こんなジュエリーやアクセサリーがあったらいいのに」と考えてるうちにデザインが浮かび、同じようなことをしてる人が他に誰もいなかったからやっていることなんです。「服は作らないんですか？」と聞かれることも多いですが、服に関してはデザインが浮かばないですし、すでに自分の想像できない素晴らしい服を作っている人がたくさんいるから、僕じゃなくてもいいと思える。自分の出る幕はないと割り切れるんです。でも、ジュエリーに関しては今でもAMBUSH® らしいものは他にないという自負があります。

前例のないことを始めるためには、まず自分のビジョンを周囲に伝えなければいけません。そういうときは言葉で説明してわかってもらうのは難しい。「○○みたいな感じのことをやりたい」と言うわけにはいかないからです。「見てみないとわからない」と言われることも多い。だから、まずは自分だけでやってしまう。そうして、一目でわかるような形を見せて人を巻き込んでいくことが多いです。つまり、誰かの通った道の後を通ることができないから、自分で体当たりしてドアを開けていかなきゃいけない。大変なことは多いですが、そのほうが、僕にとっては断然やりがいのある仕事なのです。

# 第 2 章

# フィーチャリング
# スキル　初級

## ～対　同僚・部下・後輩編

Adapt.

# すべては相手に合わせることから始まる

僕がフィーチャリングをするときには、相手が誰であれ、自分の仕事のやり方を押しつけるようなことはありません。なぜかというと、そういうことをやってうまくいった例がないからです。たとえ後輩や目下の人が相手でも、まずはその人がどんなことを得意にしているのか、いつもどういう仕事のやり方をしているのかを探る。そうすることで、その人のモチベーションをそぐことなく、よい成果を生み出すことができるのです。

普段から、どちらかといえば僕は人に仕事を任せるほうです。自分のできること、できないことがハッキリしている。だから**一人で全部やろうとは思わない。他の人のほうがうまくできることだったら、その人に任せたほうがうまくいくと思う。**

たとえば、結局、m-floでもラップだけでなく作曲をしようとプログラミングに挑戦したこともありましたが、相方の☆Takuには敵《かな》わないと思った。僕がやる必要はないと思ってやめてしまいました。作曲や作詞に関しても、そうです。たとえ自分より若手でも、素敵なメロディを書ける人がいたら、その人に任せてしまう。10代の女の子の気持ちを歌ってもらうようなときも、僕がわざわざ歌詞を書くよりも、フィーチャリングの相手に書いてもらったほうがいいことが多い。

あくまで**相手の力を活《い》かして成果につなげるのが、フィーチャリングの考え方で仕事をするということ**なのです。

そのときに**僕が心がけているのは、その人の「すごい」ところを、あらかじめ調べておくことです。**そうすることで、無理することなく相手に敬意を抱いて会うことができる。そうすれば、話も弾むし、お互いに気持ちよく仕事を進めることができる。

**下手《したて》に出るというのは、相手に対する敬意や尊重を伝える手段です。**ただ頭を下げたり、ヘコ

**ヘコと言いなりになったりする服従のサインではありません。**自分に自信を持った上で、相手には自分より優れた能力を持っているところがあると認める、ということです。そう考えれば、目上の人はもちろんのこと、同僚や後輩が相手であっても、自然と下手に出ることができる。

たとえ自分が先輩で相手が後輩の関係であっても、自分より相手が得意なことはたくさんあります。たとえば僕は楽器も弾かないし、プログラミングもしない。それが得意な人には「あなたは僕の持っていないものを持っている」という気持ちでアプローチします。そうされて嫌に思う人はほとんどいないし、心を開いてもらって、自分の意見を聞いてもらえるようになる。そうすれば、相手にいい仕事をしてもらうという結果につなげることができる。

心構え一つで、仕事の成果が大きく変わってくるのです。

# 相手の「すごい」ところをあらかじめ調べておこう

一緒に仕事をする相手の力を活かすためには、
自分のやり方を押しつけるのは禁物。相手の得意なことを知れば、
自然と敬意を抱いて気持ちよく仕事を進めることができます。

*Read between the lines for hints of inspiration.*

# 大切なことは雑談に隠れている

いざ相手と一緒に仕事をすることになっても、僕はいきなり本題から入るようなことは、あまりありません。久しぶりに会う相手だったらお互いの近況を話したり、くだらない与太話をしたりする。「loves」プロジェクトのときもそうでした。一緒に曲を作るとなると、コラボをする相手のアーティストと、スタジオで何時間も時間を共有することになります。そのときにいろんな話をする。実際に作業をする時間より雑談している時間のほうが多いことも、ざらにあります。

初めて一緒に仕事をする人の場合も、まず雑談をすることは大切です。実際に会って、仕事とは関係のないことも含めていろいろな話題を共有することで、その人のことを知ることができる。**雑談は単なるムダ話ではなく、その人を知るためのコミュニケーションの入り口として、とても大事なものなんです。**相手がどんなことをおもしろく思うのか、何に興味を持っているのかを探る大事な材料になる。僕の場合も、雑談の中から作ろうとする曲の方向性が見えてきたり、アイディアが浮かんできたりすることも多いです。また、雑談から相手の仕事に対する熱意やテンション、気持ちの持ちようを読み取ることもできます。

たとえば、一緒にスタジオに入っても「こんな曲を作りたい」というこちらの提案に相手がピンときていないような場合もありました。同じ歌を歌っていても、気持ちが乗っていないと、いい歌にならない。話してみたら、歌い手さんは「そんな恋愛はしてない」という、共感できない歌詞の内容だったことがわかった。そんなときは、歌の内容を変えてしまったほうがいい。

仕事においても同じです。**自分たちがどんなことをやりたいのか、何のためにやっているのか、それらの方向性をきちんと共有していることが、一人一人の仕事のモチベーションにつながります。**そのためには、相手がどんなことに熱意を持っているのかを見極めることが大切。そういうことも、実際に話していく中で探ることができます。

初対面の人が相手だったら、雑談といっても、どんなことを話していいか悩む人も多いかもしれません。そういうときに僕は、天気の話のような誰にでもできる話はあまりしないようにしています。それよりも、極力その人が興味を持っていそうなことに飛び込んでしまったほうがいい。

たとえば、テレビ局のイベントでとある俳優さんと初めて出会ったときのこと。何を話題にしたらいいかなと思ったのですが、ふと、その俳優さんが履いていたラフ・シモンズの靴が目に留まりました。たまたま、僕もいいなと思っていた靴だったんです。その人の全身のコーディネートを見ても、その靴だけはどうやら私物っぽかったので、「この靴、すごくレアなモデルですよね。僕も欲しかったんですけど、手に入らなかったんです。どこで買ったんですか？」と話しかけた。そうしたら、「そうなんですよ、なんでわかるんですか？」と驚いていた。実は日本に一足しかないものだったらしく、その後も、ずっと靴の話で盛り上がってました。

そういう風に、相手の興味がどこにあるのかを探すのが、仕事相手の人との実のある雑談のコツです。もちろん、自分が興味ないこと、よく知らないことを無理やり話すのは、あまりオススメしません。自分の興味と、相手が好きなことがリンクするからこそ、おもしろい話になる。空っぽな内容のまま無理やり話をしても、本当にムダな話になるだけですからね。

## 雑談から相手の様子や興味を探ることで、よりよい仕事のやり方を見つけることができる

何げない話を単なるムダ話と考えず、
相手がどんなことに興味を持っているのかを
積極的に探る機会ととらえるのが大切です。

*Overcome pride if you want to see the other side.*

# プライドの壁を乗り越えろ

デビューしてから十数年、ブレイクして成功を手にするアーティストや、逆に、「俺は必ずビッグになる」と言いながらうまくいかない例を、たくさん見てきました。その中で、**成功できない人には、一つの共通点があることに気づきました。**

**それは、自分のメンツや、余計なプライドにこだわる、**ということ。

せっかくのチャンスを「なんで俺がこんなことをしなくちゃいけないんだ」という理由で、ふいにしてしまう。自分が頭を下げれば物事が進むような場面でも、「なんで俺が頭を下げないといけないんだ」と、それを拒んでしまう。そういう人は、極端な例を除けば、ほぼ間違いなく失敗しています。

一つ一つのプロジェクトでも、誰かが自分のメンツにこだわると、たいていうまく進みません。「loves」のプロジェクトでも、すべてが円満に進んだわけではなく、相手と自分の意見が合わずに揉《も》めてしまったケースもありました。思わずカチンとくるようなことを相手に言われたこともありました。それでも、ただ自分のメンツが傷ついたということだけを理由に、そのプロジェクトを投げ出すようなことは絶対にしませんでした。

たとえば、あるアーティストをフィーチャリングするときに、制作の現場でびっくりすることがありました。

「m-flo は好きだけれど、もっと一緒にやりたいラッパーがいるので、その人が参加しないならやりたくない」ということを非常に一方的に言われました。僕もラッパーなのでとても悔しい気持ちでいたのですが、そこはぐっとこらえて、話を前に進めようとした。しかし、こちらが持ってきた楽曲にも、「こういうのは苦手だ」というネガティブなことを言うばかり。さらには彼らが書いてきた歌詞は、恋愛の形式を借りた「あなたたちは私をわかってない」という明らかなあてこすりの内容でした。

☆Takuはカチンときて、その場では怒らなかったものの「もうこうなったらやらなくていい」と現場から出て行ってしまった。僕も精一杯先方のマネージャーに話したり、そのアーティストと直接話をしましたが、そのまま雰囲気がよくなることはありませんでした。

けれど僕はどうしてもメンツやプライドが傷ついたからというつまらない理由で、そのプロジェクトを終わりにしたくなかった。彼らは素晴らしい資質を持ったアーティストだし、僕らは彼らの力を活かしてよい音楽にできる自信がありました。結局、現場で素材を録《と》った音源を元に、こちらでいろいろとおかしくならないようにうまく工夫をしながら編集をして、「録ったときとは違うけれど、こうしたほうがかっこよくないですか?」と精一杯の誠意を音楽にして聞かせたんです。そうしたら、彼らも気が変わったのか、「いいじゃないですか」とOKをもらうことができました。

どの曲とは言いませんが、結果的に今でも人気曲の一つです。もちろんお客さんはそんなことは知らないし、関係ない。結果オーライでした。

こんな風に相手が気に障る態度をとったとき、物事の筋が違うと感じたとき、感情を逆撫でされてしまうことは誰しもあると思います。でも、そんなときにこそ、まず結果を見据えて考えるようにしてみてはどうでしょうか。

**プライドを曲げなければいけないときには、一度ぐっと我慢して、それを乗り越えた先で成し遂げられることをイメージします。そして、相手と一緒に仕事をすることのメリットをきちんと考える。**

相手と力を合わせることでいい結果が出せるならば、自分のつまらないメンツのせいでダメになるよりも、余程いいのではないでしょうか。自分のメンツと、よい成果につなげることと、どちらが大事なのか？　ということです。感情的になっているようなときも、その相手と仕事を成し遂げたときのことをイメージすれば、それを抑えることもできるでしょう。

目の前にある壁が外の景色を覆い隠しているように、プライドは結果を見えなくしていると、僕は思います。成功は、プライドというやっかいな壁を乗り越えた先に見えてくるものなのです。

## 自分のプライドに視界を塞がれているときは、やりたい仕事を成し遂げたときのことをイメージする

成功の邪魔をするのは、余計なプライドです。
たとえ自分の気に入らないことがあったとしても、
それを乗り越えた先にある成果を見据えることが大切です。

*Don't blindly follow your intuition.*

# 君の胸騒ぎは間違っている

自分の直感ばかりをアピールする人に会うことはありませんか？

「俺はこう感じた、だから俺はこうする」と、自分の直感を主張して、情熱だけでそれを押し通そうとする。もちろん、その勘が当たっているなら問題ありません。しかし、それが外れたときに、他に言い訳の種を求めようとする人がいる。

僕の周囲のアーティストにも、実際にそういう人がいました。長いこと音源を発表することがなく、徐々に人気が落ちている人でした。「なんでCDを出さないの？」と聞くと、「あえてあまりCDを出さずにいるほうが出したときに売れると思う」という答えが返ってきた。もちろん、自分の勘を信じて行動するのは悪いことではないと思います。しかし、結局、久しぶりに発売した彼のCDは思ったより売れなかった。そうしたら、彼は「音楽業界が不況だから」とか「今のJ-POPのシーンでは俺のよさが伝わらない」とか、自分の作品が売れなかった言い訳を口にし始めた。自分の勘が根拠のない思い込みにすぎなかったことを認められなかったのです。

だから僕は、彼に「君の胸騒ぎは間違っているよ」と言いました。

つまり、いろんな言い訳を言っているけれど、売れなかったのは君の直感が当たらなかったからだ、ということを言ったんです。

**仕事をするにあたって気をつけないといけないのは、自分の直感を信用しすぎると、物事はうまく進まないということです。**そして、自分の思っていた結果が出なかったときは、自分の勘が根拠のない思い込みでしかなかったということを素直に認めることも大事です。

僕は最近、イベントのプロデューサーとして仕事をすることも増えてきました。そのときにいつも痛感するのは、物事を進めるには、直感だけではなく計算も必要だということです。もちろん「こういうことをやったらおもしろいはずだ、人もたくさん集まるはずだ」という直感は、イベントのアイディアを生み出す上では、とても大事。しかし、思い込みだけで動いていたら、蓋《ふた》を開けるまで成功するかどうかはわかりません。そうではなく、実際に人を集めるにはどうすればいいのか、計算してブッキングやプロモーションのために動くことが必要。どんなにいいイベントを作ったつもりでも、お客さんが集まらなかったら成立しないし、お客さんが喜ばなかったら、それで終わりです。いくら頑張っても、結果が出ないとその努力は水の泡になってしまいます。

やりたいことや夢を語るのは大切ですが、それを結果につなげるためには、夢を実現するためのプロセスや、どうやったらそれを成功させられるかをよく考えて、そのアイディアを検証することが必要なのだと思います。

たとえば「素晴らしいアイディアがあるんです」と、僕に話を持ちかける人がいる。でも、「いいアイディアだと思うけど、どうやって実現するの？」と聞くと、「みんな賛同してくれるはずです」としか言えない。さらには「俺は音楽業界を変えたいんです」と大きなことを言いながら、そのための最初の一歩としてまず自分が何をしたいのかを説明できない人もいる。何も具体的なプランなしに、思い込みだけで人を動かそうとする。そういう人とは、一緒に仕事をすることはできません。

**せっかく大きな夢を持っていても、それを現実にするための道程が思い描けないのなら、それは単なる妄想と同じです。**いかに熱く妄想を語ったところで、聞かされた人がそれに協力しようとは思いませんよね。そうではなく、どうすればそれを現実にできるかという計算がともなっているのが「ビジョン」なのだと思います。

夢を「妄想」ではなく「ビジョン」にするために必要なのは、ゴールから逆算して考えることです。夢を思い描いたら、その地点にたどりつくために成し遂げなければいけないことを、一つ一つの段階としてイメージすること。そうすれば、人とフィーチャリングしたいと思ったときにも、自分のやりたいことや目指すことが相手に伝わり、協力してもらえる可能性も高まります。

人をフィーチャリングして物事を実現させるためには、自分の思い込みだけで動くことのないよう気をつけることが必要なのです。

自分の直感や思い込みを信じすぎず、
それを現実にするための方法を
常に検証する

思い込みだけでは人は協力してくれません。
それを実現するためのプランを考え、相手に示すのが大切です。

*Don't hammer in the nail that sticks out,*
*but instead unplug it for better use.*

# 出る杭は打たずに引っこ抜く

「出る杭《くい》は打たれる」という言葉がある通り、日本には、周りから抜きん出た人に対して「気に入らない」とか「自分の立場をわきまえろ」と叩くようなタイプの人が、とても多いと思います。

誰か若い人が派手なことをしていたり、目立っていたりするのを見かけると、「おもしろくない」と思ってしまう。「生意気だ」と感じてしまう。そういう風潮があるのは、とても残念。僕自身は、「出る杭」であることは、素晴らしいことだと思っています。もちろんそれは、上の立場の人に失礼なことをしたり、生意気なことを言ったりしてもいいという意味ではない。そうではなく、**自然と周囲から目立っている人は、おもしろい発想や優れた実力を持っていることが多い、ということ。僕は、そういう人を見つけたら、叩くよりも、むしろ引っこ抜いて一緒に仕事をするとよいと思います。**

僕の知り合いに、まさにそういう「出る杭」のタイプだった若い人がいました。つい先日までクラブのバーテンダーとして働いていたんですが、振舞いや行動がおもしろくて、自然と目立ってしまうような人だった。たとえば、そのクラブにはカラオケがあったんですが、そこで人が歌っているところにバーテンダーである彼が乱入して、踊りながらその人と一緒に歌って場を盛り上げたりしていた。僕は「おもしろいな、この人」と思っていましたが、そういう様を見て、「なんだよあいつ、調子に乗るなよ」などと言う人もいました。そうこうしていたら、彼から新しい仕事が決まったという話を聞きました。Kという2012年を席巻した人気アーティストのDJとして活動するようになった、ということでした。こないだまでバーテンダーをやっていた人が、いきなりメジャーなアーティストのDJをやるようになった。人を楽しませる才能を見出《みいだ》されて、抜擢《ばってき》された。これも、まさに「出る杭が引っこ抜かれた」一つの例だと思います。

出る杭を打つタイプの人の中には、横並びであることを大事にしすぎたり、上下関係や先輩後輩の関係を気にしすぎたりするがあまり、若い人が頭角をあらわしたら、それを叩こうとするような人も多いと思います。特に、日本の会社にはそういう風潮がある。せっかく才能を発揮していて、より大きな仕事をこなす能力もあるのに、「上の人がいるから」と、その人をステップアップさせない。実力があり、おもしろいアイディアを持っている人でも、それを潰そうとする。大きな会社だとしょうがないのかもしれませんが、僕はそういう考え方は好きではありません。

もちろん、年功序列の考え方には大事なところもあります。しかし、自分が先輩や上の立場に立ったときに、下の世代の人が目立っているのを「後輩だから」と抑えつけるのは、あまり健全ではない。それよりも、素直に実力を見出して、それを発揮できる環境を用意するほうがいい。

僕の会社は十数人の小さなところですが、そこでは、長く働いているかどうかということと、その人が昇進するかどうかということは、一切関係がありません。あくまで、スキルがあるかどうかがすべてです。たとえ入社してから数ヵ月しか働いていない人でも、任せられると思えば責任あるポジションを任せてしまう。実際、採用してから数ヵ月の間にどんどんスキルを伸ばした若手の社員に、プロジェクト・マネージメントのような大きな仕事を任せたこともありました。

世間にはそういう登用の仕方をおもしろく思わない人もいるかもしれませんが、僕の会社では、そうすることで、みな期待に応えた仕事ぶりを見せてくれています。

出る杭を打つタイプの人は、つまりは、自信がない人なんです。自分に自信があれば、たとえ自分より若く経験がない人が目立っていたり、評判を集めたりしていても「お、やるじゃないか」と素直に思える。自分以外の誰かを潰そうとする時間があったら、自分のやるべき仕事をして、そこで評価をもらえるよう地道に努力するほうが余程いい。

ただし、悪い意味で「出る杭」になってしまっている例もあります。スキルも実力もないのに、ただ態度だけが大きい人のような場合です。そういう人は、別の意味で「引っこ抜く」ようにしています。そういう性格がなかなか治らない人が僕のチームにいたら、無理に矯正《きょうせい》せずに、僕のもとから去ってもらい、その後は一緒に仕事をしないよう心がけています。

フィーチャリングの考え方で仕事をするということは、相手の力をうまく引き出し、それを結果につなげるということ。**周囲から抜きん出て目立っている若い人がいたら、まさにフィーチャリングの好対象になります。**そういう人に対して「気に入らない」と叩いたり「調子に乗るな」と批判してもしょうがない。むしろ、積極的に仕事を与え、その人の長所を見抜いて、実力を発揮できる場を作ろう、と考え方を変えることをオススメします。

# 目立つ人こそ長所を見出して、その実力が発揮できる環境を用意しよう

目立っている人には、型にハマらない長所がある。
フィーチャリングの好対象となるような目立つ人には、
さらに実力を引き出すような仕事を与えましょう。

*Don't be so status-driven.*

# 「偉くなりたい病」に気をつけろ

今、僕はアーティストとしての活動だけでなく、宝飾／アクセサリーデザインを中心としたブランド「AMBUSH® DESIGN」や、今話題の3Dマッピングをやっている会社「WHATiF」などを運営し、さまざまなフィールドで仕事をしています。小さな会社ですが、従業員も増えてきました。

そんな中で、自分が一緒に仕事をしたくない人はどんな人なのか、改めてはっきりしてきました。

それは、「偉くなりたい病」にかかってしまっている人。ちやほやされたい、有名になりたいなど、エゴイスティックな感情にばかりとらわれている人のことです。

たとえば、社員の採用面接をしていても、何度か会って話せば、そういう人はすぐにわかります。「この会社に入っていい仕事をしたい」ということよりも、「VERBALと働ければ、ハクもつくし、いいツテができて、自分に有利になるんじゃないか」ということばかりを考えているような人は、すぐにバレてしまう。僕は、そういう人と一緒に仕事をしようとは思いません。

**最終的に人をダメにするのは無駄なエゴだと思います。**それは、アーティストでも同じ。十数年活動してきた中で、一度はうまくいったものの、その後、人気が落ちていく例をたくさん見てきました。そういう人は、いろんなことに恵まれてうまくいったということを忘れて、自分の地位が高くなったんだと勘違いしていることが多い。つまり、天狗《てんぐ》になってしまっているのです。どんなに人気があっても、流行《はや》りがすぎれば、それは過去の栄光になります。なのに過去の栄光にすがるように自分の地位や肩書きにこだわる。それも「偉くなりたい病」の一種だと思います。

僕自身も「偉くなりたい病」にならないよう、気をつけています。たとえ自分がm-floのメンバーじゃなくても仕事をしたい、会いたいと思ってもらえる人になりたい。肩書きに関係なく、気になる存在であり続けたい。m-floとしてのデビューが決まったときに、僕はそう誓いました。

自分がこういう考えを持つようになったのは、デビューする前に、とあるクラブで有名なＤＪの方に遭遇したのがきっかけでした。僕はその人の大ファンでした。いろいろなメディアでその人を見て、とてもかっこいいと思っていました。だから、思わずその人に近づいて「握手してください」とお願いしました。しかし、その人は僕と目が合っているにもかかわらず、僕を無視したのです。ひょっとしたら聞こえてないのかと思い、手を差し伸べても、やはり無視。さらには、「誰だ、お前？」という目で僕を見て、隣にいた自分の友達としゃべり始めました。僕はあまりのショックにその場を立ち去り、それから先、その人のことを応援できなくなってしまいました。

そして数年後、自分もアーティストとして名を知られるようになり、テレビにも出演するようになってから、再びそのＤＪの人と会う機会がありました。その人はやはり過去の僕との出来事を覚えていなかったようで、ある仕事の話を持ちかけてきました。普通にお話を聞き、その場の話し合いは終わりましたが、その仕事を実際に受けたかどうかは、想像にお任せします。

僕は、デビューの頃から、たとえ相手が誰であろうと「自分のほうが偉い」などと思わず、平等に接するように心に誓っています。**肩書きに関係なく、誰が相手であっても丁寧に接する。それが、「一緒にいい仕事をしたくなる人」になるための秘訣《ひけつ》です。**

# 自分の地位や肩書きにこだわらず
# 誰が相手であっても平等に接する

偉くなりたいという欲ばかり抱えている人や、
自分が偉いと思い込んで振舞っている人は、
他人から「一緒に仕事をしたい」と思われる人にはなれません。

*Motivate others through tangible expressions of appreciation.*

# モチベーションは形ある評価で育つ

一緒に働く仲間のモチベーションをどう上げるか。やる気を持って働いてもらうにはどうすればいいか。経営者や上司、リーダー的な立場で仕事をしている方の中には、この類の悩みを持つ人は多いと思います。

仕事をする動機は、人によってそれぞれ違うとは思います。お金を稼ぎたい人もいるだろうし、自己実現をしたい人もいるでしょう。しかし、どんな人であっても、相手のモチベーションを高めることができる方法が一つあります。それは、相手を評価しているということを、きっちりと示すことです。

第1章の「フィーチャリングは、『ラブコール』から始まる」という項目でもお伝えしましたが、そこで書いた「ラブコール」も、相手に対する評価を示すということです。「君のこういうところが素晴らしいし、君にはこういうことができると思う。だからこういう仕事をしてほしい」という言い方をすれば、仕事を頼むこと自体が相手へのラブコールになります。しかし「とりあえず、お願いするよ」では、何のラブコールにもならない。「誰でもいいけれど、たまたま君がいたから頼んだ」という風に相手に伝わってしまったら、その人は自分が評価されているとは到底思えない。

特に、頑張って仕事をしている人であればあるほど、周囲からの評価はとても嬉《うれ》しいと思います。たとえ大変な仕事であっても、それを成し遂げた先で評価が得られるのならば、トンネルの先に光を見出すことができる。

**評価を示すには、ただ言葉だけで褒めるよりも、実際に行動で見せることが大事です。**「いいね」とか「最高だよ」とか、口で言うだけだったら誰にでも簡単にできる。それよりも、実際に自分が形を示すことで、それを伝えるほうがいい。もちろん、評価の形はさまざまなものがあります。会社員の場合は、昇給のような直接的な評価もあれば、より大きな仕事を任せる場合もあるし、より高い地位に昇進というようなこともある。

さまざまなやり方がありますが、僕は、実際に活躍するチャンスを与えることでその人を評価していることを示すようにしています。

たとえば、今年（2013年）デビューするCREAMというグループのMinamiというシンガーがいます。彼女に初めて出会ったときは、まだ積極的に作曲活動をしておらず、グループとしても駆け出しの頃でした。まだまだ荒削りなところはありましたがメロディのセンスが抜群だと思い、デビューする以前から、BoAやICONIQをはじめ、TERIYAKI BOYZ®やm-floまで、僕のプロデュースする作品や関わるプロジェクトなどに参加してもらいました。

さまざまな舞台で活躍する機会を与えられたことで、彼女はすごく喜んでくれたし、やりがいを感じて仕事にあたってくれたと思います。**相手に何かしらの活躍する場を与えるという具体的な行動を通じて、自分が相手を評価していることを伝えることが大事なのです。**

ミュージシャンやアーティストでなくとも、派手なイベントでなくとも、話は同じです。たとえばサラリーマンであれば、「活躍する場」というのは、送別会の幹事を任せるような些細《ささい》なことでもいい。「普段の仕事ぶりを見ていて、君なら段取りよくみんなに声をかけて、場を仕切ることができるだろうと思ったから」など、それをお願いするときにきっちりと相手に対する評価を示せば、その人は高いモチベーションで仕事にあたってくれるようになるでしょう。

仕事を頼むときには、その人を評価しているということを、できるだけ目に見える形で示す。それが相手のやる気を引き出す最良の方法なのです。

## 相手のやる気を引き出すには、その人を評価していることを具体的な形で示す

評価は口で伝えるだけでなく、
活躍する場を与えるなど具体的な形で示すことで、
相手はやりがいを持って仕事にあたってくれるようになります。

Column 2

## ブレイクと恋愛は似ている

とある心理学の調査によると、恋愛感情が持続する期間は、平均で２年間だそうです。出会って、相手を好きになって、恋の感情が燃え上がっているときは、相手が何をしても可愛いと思えますよね。でも、結婚するとなったら、そんなルンルンな気分ではいられない。一生恋に浮かれてはいられないですよね。生活や子供のことなど、現実的な話がたくさん出てくる。「好き」という気持ちだけでは関係性は自然消滅してしまう。それで気持ちがすれ違うようになって、結婚生活がうまくいかないという話もよく聞きます。

ブレイクするときやヒットを生み出すときって、そういう恋愛感情に似たような気持ちの盛り上がりがあるんです。恋に落ちたときは「この人のことが好きだ！」という気持ちで胸がいっぱいになって、相手に会うだけでドキドキしちゃう。それと同じように、「自分たちが作ってるものは最高だ！」という思い込みがある。実際に売れることで、それが確信になる。何をやってもおもしろいし、手応えがある。自分たちがやりたいことをやって、すべてがうまくいく。でも、そういう期間は、恋と同じでやがて終わります。盛り上がってる気分だけじゃ物事が進められなくなる。

せっかく人気が出てきたグループが喧嘩別れして活動できなくなったりするときや、せっかくうまくいっていたプロジェクトが勢いがなくなると同時に空中分解してしまうようなときって、恋の終わりに似たようなものだと思うんです。

恋は愛への助走期間だと、僕は考えています。いわば、恋の感情は大気圏を突破するためのロケット。爆発的なエネルギーを持っているから、それをうまく使って大気圏を突破すれば、愛という宇宙に行ける。二人が同じ方向を見て、共に人生を歩んでいける。仕事においても、これは同じだと思います。

# 第　3　章

# フィーチャリング
# スキル　　中級

## ～対　上司・先輩編

*God works in mysterious ways.*

# チャンスの女神は真面目じゃない

僕はお酒が大好きです。クラブや会食に行ったとき、飲みの席の会話を通じて、何人もの素晴らしい方たちに出会えたり、いくつものお仕事につながったことがあります。でも、昔からそういうことが得意なわけではありませんでした。実は、10代後半から大学時代は少々やんちゃをしていた時期があり、その頃の経験からお酒に呑まれてしまう自分が嫌になって、20代、特にm-floデビュー後はあえて禁酒をしていました。

そのときの僕は、真面目に音楽活動をしていたら必ず成果が出ると信じ、飲みのお誘いもお断りし、クラブなどでもソフトドリンクしか飲まず、ある意味とてもストイックでした。しかし、僕が求めていた結果を得られるどころか、僕が見てほしいところがファンや企業の方々の目に留まらず、チャンスの女神にいつも素通りされているかのようでした。**僕はパーティで人脈を作ったり、ノリで仲良くなるというのがずっと不得意だったこともあり、「いいものを作っていれば認められるんじゃないか」とずっと頑《かたく》なに思っていたんです。けれど、実はそれだけではダメだったんです。**

30歳になり、DJを始めたのがキッカケでまたお酒を飲み始めたのですが、そこからはおもしろいようにさまざまな扉が開いていったのです。今までなかなか口をきいてくれなかった人たちが「飲もうよ」と誘ってくれたり、急に大御所の人を紹介してくれたりと、次から次へと素敵な人に出会う機会が増えていき、気づいたら「酒飲み」キャラになっていました。DJの仕事も飲み会の場の「ノリ」でドンドン決まっていき、さらには国内外問わずその他の仕事にも発展し、数々の新会社の立ち上げにまで携わることになったのです。

知っている人には当たり前かもしれませんが、そういった**飲みの席にはただ飲むためだけではなく仕事のアイディアやインスピレーションを求めに来たり、お仕事を振りたい人（供給）が訪**

**れ、直接オファーできる相手（需要）を探していたりするのです。**

特に印象的だったのは、代々木第一体育館での m-flo の10周年ライブを控えて、スポンサーを探していたときのことです。たくさんのフィーチャリングアーティストに参加してもらうライブで、宣伝にも力を入れて大風呂敷を広げてしまったのはいいものの、なかなかスポンサーが決まらず困っていました。

そこで、一緒に仕事をしていた広告代理店の友達と共に、某C社の社長に冠協賛の話を持ちかけることにしました。ちょっとやそっとでは納得していただけそうになかったので、m-flo の音楽性と世界観の楽しさをわかってもらうために、実際に僕がオーガナイズしていたクラブイベントに招待し、会議室などでは伝え辛《づら》いことをそこで体感してもらうことにしました。すると、代々木第一体育館とは天地の差があるくらい小さなクラブイベントだったのにもかかわらず、その人は大いに楽しんでくれて、僕たちはイベントの興奮の中で、お酒を飲みながらざっくばらんにいろんな楽しい話をすることができました。そんな中で彼は、「バーバル、うちで m-flo のライブをスポンサーするよ」と言ってくれたのです。目の前でこんな規模の案件が決まり、ものすごく感動したのを覚えています。

**今まで時間の無駄で「つまらない」とすら思っていた飲みの席でのコミュニケーションが、楽しいことであるのはもちろん、仕事にもつながるのだということを改めて実感しました。**

何もこれは「お酒の力」を強調しているのではありません。今まで自分が頑固にストイックな「キャラ」で物事を遂行していたけれど、自分の中に秘めていた「新キャラ」をＴＰＯに合わせて解放したら、途端にこのようなことが次々に実現していったということです。

ブレない自分というのはかっこいいものですが、生真面目になるのをやめた途端にチャンスの女神が笑顔を振りまいてきたのですから、不思議なものです。そうして今振り返ってみれば、過去の自分の頑なな態度が時に新しい仕事の可能性を閉ざしていたことが、よくわかります。「もともと自分はこういう性格だから仕方がない」と意固地になっていても夢や目的には一歩も近づかないと思います。少し頑張って自分の印象を変えられるのなら、それを試さない手はありません。

# 目的があるなら意固地にならず
# 場にあった「キャラ」を模索してみる

もともとの自分の性格にこだわらず、
その場で必要とされる自分を見出していけば、
必ず新しいチャンスが待っています。

You can never be too humble.

# 下手《したて》に出過ぎることはない

相手にフィーチャリングの話を持ちかけるときに、何に気を配るべきか。あなたがサラリーマンであるならば、先輩や上司に仕事の相談をするときに、どんなことに気をつければいいのか。**常々僕が心がけているのは、とても簡単なこと。できるだけ下手《したて》に出ること、基本的に低姿勢でいることです。**

僕の経験から言えば、低姿勢でいることでマイナスだったことは一度もありません。すべての場合において、僕は「自分は下だ」と思ってアプローチすることにしています。

僕の周りには「大丈夫だよ、あの人は俺のことをわかってくれているから」というようなことを言う人もいますが、そういう人は、僕の見るかぎり、運任せ、相手任せで、話をまとめるのはうまくない。

たとえば、自分のことをアピールしたいときに、ただ気を張って「自分はこういう人間なんです」とか「すごいことを考えたんです」とだけ言ってもしょうがない。ましてや、高飛車に「俺はすごい」と言ったって「何様なんだ、お前」と思われてしまったら話は終わってしまう。

「低姿勢でいる」というのは、自分に自信がない態度を意味しているわけではありません。ビジネスの場においては、ただただ下手に出て、単にナメられるだけで終わってしまうこともあります。それがよいことではないのは言うまでもありませんが、ここで僕が言いたいのは、「自信を持つ」あまりに、「大丈夫だと勘違いする」状態は大変なリスクをはらんでいるということです。

「石橋を叩いて渡る」という言葉がある通り、僕は、どんなに自信のある場所でも「きっと大丈夫だろう」とは思わないようにしています。いろんな場で「怯《おび》え」を持つようにしています。そのせいで逆に勢いを失って何もできなくなるのは問題ですが、やはり**どれだけ自分に自信を持っていても、相手に受け入れられるなんて慢心して、いきなり物事に飛び込んだりはしません。で**

**きるかぎり丁寧に事にあたることが大事なのです。**

もう一つのポイントは、実際にその人に会い、実際に目を見て話をすることです。

僕がフィーチャリングを持ちかけるときには、たいてい、その人と一緒に何かおもしろいことをしたい、その人がどういう人かを知りたいという純粋な気持ちを大切にしています。その人には自分にないものがある、優れたものを持っているということへの敬意がある。それが相手に伝わらないときは、オファーをしても、ほとんどうまくいきません。自分本位、目的本位のアプローチでは、必ずそれがバレてしまい、煙たがられてしまう。合コンで出会った女の子と話しているときに下心を丸出しにしすぎると、いくら大人同士の付き合いとはいえ、女の子に嫌がられてしまうのと一緒です。

**自然と敬意を持つ、下手に出るには、その人自身のことを知る努力をすることをオススメします。**相手の立場や、やりたいこと、どんなものに興味を持っているのかを、できるだけ知っておく。そうすれば、自分と一緒に仕事をすることによって相手がどんなものを手に入れることができるのか、自分とのフィーチャリングで相手にどんなメリットがあるのかをプレゼンすることができる。自分の都合よりも相手を優先するということも必要になってきます。もし自分が身を削ったことで何かしら相手にとってのメリットが生まれたのだとしたら、それは相手に敬意が伝わったということになる。「なんでそんなことやらなきゃいけないんだよ」と思っていた人が、そのことで気持ちが変わってくるかもしれない。

下手に出るというのは、相手に対しての敬意を持ち、それを配慮で示すということなのです。

# 誰であっても上から目線にならず
# 丁寧に接すれば物事はうまく始まる

どんなに自分に自信があっても
「相手は受け入れるだろう」「きっと大丈夫だろう」とは慢心せず、
できるかぎり相手に敬意を持って話を持ちかけることが大切です。

*First offer for a drink*
*may not happen the second time.*

# 初めての飲みの誘いは断らない

先輩や仕事先の人から、急に飲みの席に誘われることがありますよね。僕はそういうときには、どうしても外せない予定が入っているような場合を除けば、必ず出かけるようにしています。初めて声をかけていただいたならなおさらです。

もちろん、疲れていたり、面倒くさかったり、気が引けるようなときもあります。僕なんかがそんな場所に行ってもいいんでしょうか？　と思うようなお誘いもあります。行かないほうがわきまえていることになるのではないかと、変に気を遣って考えるようなこともある。それでも、**先輩や仕事先の人にしてみれば、**

**飲みの席に呼ぶというのは、自分に対する好意の表れだということをよく考えてみるべきです。**

ある日の夜中、ＥＸＩＬＥのＨＩＲＯさんから突然電話がありました。仕事を終え、タクシーで帰宅途中だったのですが、その電話は「今から来れる？」という飲みのお誘いでした。

その頃の僕は、会食などの交遊をする機会も少なく、何より仕事の後でフラフラだったので思わず腰が引けて「今日はちょっと……」と言葉を濁すと、「来て来て！　でも無理ナシで」と言われました。はたとお忙しいＨＩＲＯさんに誘ってもらったからにはと思い、「わかりました、20分くらいかかります！」とお返事したところ、「待ってます！」と電話が切れました。家に帰って荷物を置き、着替えることも頭をよぎりましたが、思い直してタクシーの運転手さんにすぐにＵターンしてもらい、指定の場所に向かいました。

急なお誘いだったので、何か緊急の用件があるのかもしれないと思っていましたが、そういうわけではなく、普通に飲みの場へのお誘いだったのでした。他愛のない話をしながら打ち解けあって、最終的には熱い音楽話をして意気投合し、その夜はそのまま盛り上がって終わりました。

後日、ＨＩＲＯさんの事務所からご連絡があり、ＥＸＩＬＥの楽曲「銀河鉄道９９９」でラップしてくれというオファーをいただいたとき、驚きました。それをきっかけに、「ＳＵＰＥＲ

ＳＨＩＮＥ」への参加などにも進展したのです。そのときの僕には「行かない」という選択肢もあったと思います。当時は音楽以外にもテレビ出演などが重なり、相当忙しい時期でした。でも、貴重なチャンスだと気づいて、その場でＵターンした選択は今でも正しかったと思っています。あの夜に打ち解けて、熱い話をする機会があったからこそ、あのオファーにつながったと思うのです。

　飲みの席に誘われた人がそれを断る理由は、だいたい「終電が……」とか「明日もあるんで……」というものです。確かにそれは正論だと思います。タクシー代がかかるというのも、翌日の仕事のためにエネルギーを蓄えておきたいというのも、確かに間違ってはいない。でも、僕は、それらを犠牲にしてでも、人との関係を大事にしたいと思うほうかもしれません。**なぜかと言えば、飲みの席に呼ばれることも、一つのラブコールだと思うから。**今までの経験上、僕はそういうラブコールを受けて飲みの席に行って「来なきゃよかった」と思ったことは、一度もありません。一見他愛のないような飲みの席でも、必ず何かおもしろい話があります。そこでいい出会いがあったり、次の仕事につながる前向きな話ができたりする。

　僕が言えるのは、先輩や仕事先の人から飲みの席に呼ばれるのは、一つのチャンスだということです。もちろん、それを活《い》かせるか活かせないかは、あなた次第です。

# 目上の人の好意に応えるのは一つのチャンスをつかむこと

目上の人から呼ばれる飲みの席には、
おもしろい話や勉強になること、新しい出会いが待っています。
そこにはチャンスが転がっていると思ってできるだけ参加しましょう。

*Be able to say "yes" to what you don't like,*
*and "no" to what you like.*

# ノーと言えるイエスマンになろう

僕は基本的に、先輩や目上の人から言われることは、たとえ無茶苦茶なことでもやりたいと思うほうです。「この人についていきたい」と思ったら、その人に尽くすし、言うことを聞くタイプ。しかし、自分が軽薄なイエスマンにはならないように心がけています。

軽薄なイエスマンというのは、先輩や上司の言うことを何でも「いいですね」とか「さすがですね」などとただただ肯定することしかできない人のこと。僕が上司だとしても、部下にそういうタイプのイエスマンは必要ないと考えます。僕

**は客観的な視点から「それは難しいと思います」と意見を言える人、「こっちのほうがいいと思いませんか？」など建設的な提案をできる人を歓迎します。**

もちろん、自分の部下に単なるイエスマンであることを強要するような人もいるでしょう。でも、僕はそういう人はあまりかっこいいとは思えないし、むしろ、自分と違う意見をうまく取り入れられる人間のほうが、より大きな成功を収めていると思います。

つまり、先輩や上司との関係においては「ノーと言えるイエスマンになる」というのがベストだということです。

たとえば上司や先輩に指示をされても、そうするのが目的に反していると思うならば、「いや、それはダメですよ」と、きちんと言う。あまりパッとしないアイディアを示されたら、それを無理やり褒めるのではなく「それももちろん可能だと思うのですが、たとえばこの部分をもっとよくするために、こういうのはどうでしょうか」と提案する。そういうときは、得てして上司や先輩のほうも自分にない考えを求めているようなことが多いと思います。上の人の言うことを何でも肯定するのではなく、ダメなときはダメだと言い、自分が代わりとなるいいアイディアを持っていたらどんどん提案できる関係を築いたほうが、後々お互いのためになると思います。

**単なるイエスマンって、一見、目上の人に尽くしているように見えて、実は自分のことしか考えていない人のことなんです。**上司や先輩のためになるにはどうすればいいかではなく、上にさからって嫌われたら面倒だということで頭がいっぱいなのです。自分の身が可愛いから、何でもかんでもイエスという態度をとっているだけにすぎない。

**そうではなく、ノーと言えるイエスマンというのは、本当に先輩や上司のために尽くしたいと思い、その人がかかげる目的に対して「イエス」という前向きな考えを持っているタイプの人のことです。**自分のキャリアアップもしたいけれど、それだけではなく、自分の持っているスキルや実力を上司や先輩のために役立てようと思っている人。自分なりの考えがあり、それを役立ててほしいと思うからこそ、上司や先輩の意見に対して「こうしたほうがもっといい」というアイディアがあるときには「それは違う」「僕ならこうします」とはっきり言うことができる。

そこが単なるイエスマンと、ノーと言えるイエスマンの大きな違いなのです。

# 保身のための「イエス」より 建設的な「ノー」のほうが歓迎される

イエスと言えば、リスクを負いませんが、
同じ仕事や目的を共有する上司や先輩だからこそ、
建設的な意見や提案をしていくことが大事です。

"I don't like that man.
I must get to know him better." —Abraham Lincoln

# 苦手意識のカーテンをめくれ

誰にでも、自分とは相性が悪い、苦手だと思ってしまっている相手がいると思います。僕自身も、いろいろな人と会う中で、ちょっとした行動や言動をきっかけに「この人とは合わない」と感じてしまうことは多いです。でも、仕事をする中では、そういう相手とも一緒にやっていかなければいけない場面は多いのではないでしょうか。特に身近な先輩や上司に対して苦手意識を持っているような場合は、その後の仕事が非常にやり辛いものになってしまう。そういうときは、どうするか。

僕は、自分の持っている苦手意識を「カーテン」だと考えることにしています。**カーテンをめくらないと窓の外が見えないように、苦手意識がその先にあるその人の本当の姿を覆い隠している。それを取っ払わないと、その先にある「相手といい仕事をする」という結果をイメージすることはできない。**

自分の苦手意識は単なる先入観でしかないことって意外とよくあるものです。もしかしたら、相手と深く関わる中でそれがひっくり返るかもしれない。僕自身の経験でも、そういうことは多いです。たとえばとあるアメリカのラッパーと会ったときもそうでした。世界的に有名な彼の作品はもちろん大好きでしたが、メディアでさまざまな問題を起こしてきたイメージのほうが優先してしまっていて、ツンケンしている人なのかと思っていた。しかし、実際会ってみたらとても腰が低く好奇心旺盛な人でした。さらに、仲良くなっていく中で、彼のメディアでの「問題児」のイメージに関して話を聞くと、実はそれはわざとやっているとのことで、そうでもしないとアメリカのメディアの人間からの扱いが雑になりがちだと。あえて作っていたイメージだったんです。

僕自身も、ヒップホップをやっている人であるということで変な先入観を持たれて困ることは多くあります。一緒に仕事した人に「VERBALさんは、ちゃんと納期通りにやってくれるんですね」と感謝されることがある。僕は当然のことをしていると思っているので「え？　どうしてですか？」と聞くと、「ヒップホップの人って、気分が乗らないとスタジオに来なかったりとかするらしいので……」なんて言う。ヒップホップというジャンル自体に、そういうステレオタイプなイメージを持たれているのです。

ひょっとしたら、**その人は僕の属しているジャンルに対して苦手意識を持っていたのかもしれません。**けれど、僕がきちんと仕事をすることでその先入観を突き崩すことができた後は、いい関係を結ぶことができています。

誰かに先入観から苦手意識を持たれるのは僕自身も嫌なことです。だから、自分もできるだけイメージで人を判断しないようにしています。一緒に仕事をして、その人の本質がわかるまではあきらめない。もちろん、その人の本質が僕にとって相容《あいい》れないものだったら、僕はできるかぎりその人からは遠ざかっていようと思いますが（笑）。

**自分が感じていた苦手意識は、その相手といい仕事をすることができたら、たいてい、解消していきます。その人の本当の姿は、一緒に仕事をする中で見えてくる。**そして、それが自分から見た最初の印象と違っていることは本当に多いです。

苦手意識のカーテンをめくるのは、確かに勇気がいることかもしれません。しかし、その先にある「この人といい仕事をしたい」というイメージを思い描けば、それを乗り越えることができるでしょう。

# いい仕事をするためには
# 先入観にとらわれてはいけない

苦手意識や先入観がその人の本当の姿を覆い隠しています。
その先にある「いい仕事」という結果をイメージしてみましょう。

*Knowing yourself is half the battle.*

# 自分を知ることが仕事の半分だ

仕事というものは、いつ何が起こるかわからないと僕はいつも警戒しています。他人との共同作業においては、なおさら想定外の場面に遭遇することは多いです。それってまるで戦場ですよね。いつ何が起こるかわからない場所。そんな仕事場という戦場では、自分が今どんな武器を持っているかを見極めることが大切です。**予測不能な事態に対処する際に、重要なのは自分をよく知ることです。**相手に合わせることは大事だけれど、それだけでは、ただ相手の言いなりで動くだけの人になってしまう。「単に頑張っているだけの人」になってしまいます。自分に何ができるのか、自分の強みは何なのか。それを知っていてこそ、厳しい条件やトラブルの中でも、誰かと一緒に仕事を進めるメリットを見出《みいだ》すことができるのです。

普段のルーチンでこなせる作業だったら、地図を開いて「ここに道があるから大丈夫」と言って問題なく進むことができるかもしれない。しかし、自分以外の人を巻き込むプロジェクトのような場合、誰がどんなことを言い出すか、どこで何が起こるかわからない。それは、戦場に出たら、どこに地雷があるかわからないのと同じです。だけど、自分がどんな武器を持っているかを、どんな装備のレベルなのかを知っていれば、どうやって前に進むことができるか、プランを立てることができる。アメリカの『G．I．ジョー』という漫画でよく言われている台詞《せりふ》に「knowing is half the battle」、つまり「知ることが戦いの半分だ」というものがあります。それに則《のっと》って言うならば、「自分を知ることが仕事の半分だ」と、僕は思っています。

自分の得意なこととそうじゃないところを見極めるということは、僕がm-floというグループの中で活動をしているときにも、常に意識していることです。前述した通り、メロディや打ち込みは完全に☆Takuに任せるように決めています。もし同じチームの中に得意分野が違う人間がいたら、そこは役割分担をしたほうがいいに決まっている。その代わり、たとえばビジネスにおけるコミュニケーションの部分は僕が積極的に担うようになっていきました。

また、人脈を作りたいというときにも、自分の「武器」、要するに相手にとって喜んでもらえる特性を見極めるということが大事になります。たとえば、僕は最近、ルイ・ヴィトンと仕事をする機会がありますが、ルイ・ヴィトン・ジャパンの社長さんと初めてお会いしたときは自分がミュージシャンであることに興味を持っていただけた。音楽好きな人なので「よかったら僕の出ているフェスに来てください」と誘って、ご家族そろって来ていただいたようなこともありました。逆に、ミュージシャンとの関係においては、自分がブランドをやっていることが強みになる。たとえばファッションのアイテムを作ったり、その人が自分ではできないと思えるようなことを提案することもできる。

BIGBANGのG-DRAGONとのコラボがまさにそうでした。彼は大のファッション好きで、僕のブランドのことを好きでいてくれた。そこで、曲を一緒に作るだけでなく、彼のアルバムの発売に合わせて、限定のコラボアクセサリーを作った。G-DRAGON本人も非常に喜んで、ミュージックビデオの中でも実際に身につけています。

つまり、**自分が相手に提供できるリソースをきちんと把握し、使いこなすことで、人との出会**

**いが仕事につながり、人脈につながるようになっていくのです。**僕の場合はジュエリーを作れる、音楽を作れる、またイベントをプロデュースすることもできる。海外のアーティストともコミュニケーションできるから仲介役になることもできる。それで、たくさんの人に声をかけてもらえるようになっているのだと思います。

自分を知るということは、自分の得意分野、相手にどんなものを提供できるかを見極めるということ。そうすることが、フィーチャリングを通して自分を活かしていくことにつながるのです。

# 自らの得意分野を見極めれば
# 自分をより活かせるようになる

自分が相手に提供できることは何か、
人に任せるべきことは何かを知ることが、
チームの中の役割分担にも、人脈を広げることにも役立ちます。

*A good presentation should motivate with ideals, and put people in action with details.*

# 優れた企画書は夢と現実の両方でできている

上司や周囲の人を説得できるような企画書がなかなか書けないという悩みはありませんか。僕は一般的なサラリーマンとは違う職業ですが、誰かを説得するために企画書が必要だと感じる場面が多く、上手に書いてプレゼンテーションをするのに何度も試行錯誤してきました。

いい企画書とは、どういうものか。人によって考え方はさまざまだと思いますが、僕は、企画書とは自分の大きなビジョンが実現可能であることを説得するものだと思っています。

本来、企画書を書くという作業は、今までにない何かをやるときに必要となることなんです。すでにあるものをやるんだったら、わざわざ企画書を書く必要はない。「あれみたいにしたいんですよ」「そう、わかった」で話は終わってしまう。そうではなく、前例のないもの、自分の頭の中にしかないアイディアを人に伝えていくことこそが、企画書の役割です。そのためには、参考になるビジュアルを添えたり、絵や図を描いたり、わかりやすい言葉で説明したり、それをどうやって実現するかの計画を示さないといけない。

**前例にならって、アレンジするだけの企画に比べて、新しい企画を作るのは、簡単なことではないですが、新しいからこそきちんと企画書を作ることが大切です。**

m-floからＬＩＳＡが脱退して「loves」プロジェクトを始めたときも、スタッフを説得するために、僕は☆Takuと企画書を書きました。固定のメンバーとしてシンガーを入れるのではなく、次から次へどんどん新しい人とフィーチャリングしていくというアイディアを最初に言ったときには、実はレーベルや事務所の人々から反対されたんです。そういったスタイルで曲を発表していくことは、当時はまったく前例のないことでした。「何それ?」とも「そんなこと、無理だよ」とも言われました。「毎回歌ってる人が違ったら、オムニバスアルバムみたいになってm-floと名乗れなくなるよ」とも言われました。海外では、当時すでにザ・ネプチューンズがそういった手法で成功していましたが、「海外ではよくても日本では無理だ」とも言われました。かっこいいからやりたい、刺激的なことをやりたいということを言うだけじゃ、周囲に自分のやりたいことを伝えられなかった。

そこで、企画書にm-floの現状と、「loves」のコンセプトとプラン、それをやることによって得られるメリットを書きました。他の誰かを入れても、前のボーカリストのLISAと比較されてマイナスイメージを持たれてしまう。しかし、次はこの人、次はこの人と毎回違うミュージシャンとコラボすることで、まず話題を作ることができる。そうすることで、一般の人にフィーチャリングというものの認知度を上げることもできる。m-floに「新しいことをやっているグループ」というブランドイメージがつき、それを通じてセールスの向上が見込める。そういうことを書いて、周囲を説得したのです。

また、「loves」をスタートさせるにあたって、どんな人をフィーチャリングする予定なのかも企画書には具体的に書きました。最初はそれまでのm-floファンも拒否反応を起こさないような歌声を持つ人、その次にはかっこいいけれど無名な新人、そして最後に有名な人をフィーチャリングして、シングルを3枚リリースしようというプランを考えていました。クリスタル・ケイ、melody.＆山本領平、BoAという面々でそのプランが実現して、シングルもアルバムもうまくヒットさせることができた。結果が出て、ようやく僕らも周囲のスタッフも安心することができました。

「俺は誰もやってないことをやりたいんだよ」と言ったって、誰もついてきてくれなかったでしょう。「海外のアーティストだってやってますよ」だけじゃ、やりたいことは具体的に伝わらない。コンセプトをきっちりと固めて、プランを立て、実現への道程をイメージして、みんなにメリットがあるということを示した。だからこそみんなが一丸となって「loves」という前例のないプロジェクトを成功させることができた。**もしかしたら「loves」のアイディアを考えることそのものよりも、それを企画書にして周囲の人を説得することのほうが大変だったかもしれない。**

夢を思い描くのも大事ですけど、企画書の場合、夢ばっかり描いてあっても現実味がないですよね。大風呂敷を広げたからには、どうやったらこれを形にしていけるかという、現実味のあるところを見せていかないといけない。到底実現しないようなことばかり書いていたら、協力してくれる人にとっては嘘《うそ》になってしまう可能性もある。人を説得するには、予算や実績の数字で実現可能性を示すようなことも必要になってくる。

**自分の思い描くビジョンとしての夢がないと、そもそも企画書を書く意味がない。そして、その理想を形にするための道程を示せないと、人を説得することができない。優れた企画書とは、理想と現実の両方を兼ね備えたものなのだと思います。**

# ビジョンと具体策の
# 二つがそろわなければ
# 人を説得することができない

人の心を動かす優れた企画書には、
理想だけでなく、そこにたどりつくための、
道筋も書かれていなければなりません。

Column 3

## どうせやるなら大きく派手なことを

僕がリスペクトしている先輩の一人に、ブランド「A BATHING APE®」の創設者のNIGO®さんがいます。僕がNIGO®さんと知り合ったのは、TERIYAKI BOYZ®としての活動がきっかけ。ちょうどその頃に僕もブランドを立ち上げたこともあり、今ではさまざまなアドバイスをいただく関係になっています。

もともとTERIYAKI BOYZ®は海外の有名プロデューサーと日本のラッパーをつなげてコラボで曲を作ろうという発想から生まれたグループでした。そういうことをできるのはNIGO®さんしかいなかったんです。当然、日本ではほぼ誰もやったことがなかったことだし、ヒップホップ界の当たり前をくつがえす発想だった。なぜそんなことができたかというと、それまでNIGO®さんが自分のブランドを軸に、ファッションと音楽という垣根を越え、国境も越えてコラボレーションを行ってきたから。僕がAMBUSH®というブランドで海外のミュージシャンと深いつながりを持つことができるようになったことも、NIGO®さんの発想に学ばせてもらったことの影響が大きいと思います。

僕がNIGO®さんから学んだのはそれだけではありません。一番大きいのは、「ビックリするようなことで人を喜ばせる」ということ。NIGO®さんは、たとえば玩具一つでもアクセサリーでも、人に何かものを見せるとき、すべてにおいてエンターテイナーであろうとする人なんです。普通では考えないようなユニークなことにお金をかける。たとえば純金のMacBookを作ったりとか。

単なるお金持ちの自慢ではなくて、そういう一つ一つの行動に、人を楽しませるためという理由がある。どうせやるなら大きく派手なことをやろうという。アートというものは、得てしてそういうところから生まれるものだと思います。

第　4　章

# フィーチャリングスキル　上級

## ～対　ゲスト・クライアント編

Help people put their guards down.

# 心の盾をかいくぐれ

人の懐に入るにはどうすればいいか。自分のやりたいことに上司やお客さんを含めてうまく巻き込むにはどうすればよいか。そのとき重要になるのが、アプローチの仕方です。何かをお願いするときも、相手の性格や立場、環境を知れば、そこからアプローチの方法を考えることができます。

これまで数々のフィーチャリングをしてきましたが、それをお願いするときの方法は、相手によってさまざまでした。すでにお互いにリスペクトしあっているような関係だったら、直接頼んで、二つ返事で快諾してもらえることもありました。面識のない相手の場合は、無理を承知で連絡をすることも多かった。また、いきなり何かを頼むのではなく、まずは仕事と関係のない場での出会いから時間をかけて友達になり、その後にお願いするという方法を選んだときもありました。

そうやっていろいろなアプローチをしてきましたが、ただ「この人の懐に入りたい」ということだけを考えて行動するようなことは、ありませんでした。単に自分のやりたいことのためにその人の力を借りたいとか、その人のネームバリューが欲しいというような自分本位のアプローチでは、どこかでそれがバレてしまい、煙たがられてしまうものです。僕がフィーチャリングを持ちかけるときには、たいてい、その人と一緒に何かおもしろいことをしたい、その人がどういう人かを知りたいという純粋な気持ちがあります。そして、この気持ちが伝わらないときは、オファーをしてもめったにうまくいきません。

そこで大事なのが、相手が構える心の盾をおろしてもらうことです。**自分に熱意やよいプランがあっても、相手に警戒されたり、ちゃんと話を聞いてもらえなかったらそこで終わりですよね。目上の人が相手の場合は特にそう。そのために何をすればいいのか？　自分のすべてをオープンにする必要があると僕は思います。**

たとえば、mastermind JAPANというファッションブランドに、僕の宝飾ブランドであるAntonio Murphy & Astro®とのコラボレーションを提案したときは、ダメ元に近いアプローチでした。mastermind JAPANは世界的な成功を収めているブランドで、設立15周年を迎える2013年に経営を終了するのが決まっていました。デザイナーの本間正章さんは一度しかお会いしたことがなかった方でしたが、日本のブランドが世界で成功する一つの方法を築き上げた先駆者とも言える方で、しかも、相手にとってはわざわざ自分とコラボしなくても華々しいフィナーレを迎えることができるようなタイミングでのオファーだったんです。

一緒におもしろいことをしたいという気持ちを伝えるには実際に会って話をするのが一番ですが、この場合は、会ってもらえるかどうかもわかりません。どうすれば本間さんに僕の気持ちを伝えることができて、実際に会っていただくことができるか。そこで、お願いをするにあたって、まずはきちんと文書を書いて、こちらの考えている企画を文章で説明しました。なぜこの提案をするのか、何をどう作りたいのか、自分のビジョンとそれを実現する筋道を整理して、自分たちの提案を明快に理解してもらえるよう、なるべく丁寧にスタッフと企画書を作りました。そして、相手にとっても今までやっていなかったことをできるコラボレーションになるということを、メールで伝えたんです。そうしたら、「会いましょう」と返信をいただくことができ、その結果、コラボも実現することになった。**丁寧な企画書によって僕のオープンな気持ち、考えが伝わったからこそ、話を聞くための時間を割いていただけたと思っています。**

また、アプローチにはタイミングも大事です。話を聞いてもらうということは、「その人の時間を自分がいただく」ということなんです。これを意識していないと、相手にオープンになってもらえず、こちらの気持ちが伝わりにくくなってしまいます。たとえば、相手が夜中に電話をされたくない人だったら、僕個人の都合で夜遅くに電話をしただけで、持ちかけた話自体を嫌だと思われてしまうことだってある。**電話にしても、直接会うにしても、自分の時間や都合をオープンにして相手に合わせること。その人が最も気分のいいタイミングを見計らって話を持ちかけることが大切です。**

相手に心の盾をおろしてオープンになってもらえれば、その先でいろんな話をすることができます。そうしてようやく、懐に入ることができる。しかし、こちらの都合ばかり考えて無理やり懐に入ろうとしても、相手は盾をおろしてくれません。そのためには、まず自分の気持ちや時間など、すべてをオープンにすることが大切なのです。

# まずは自分の気持ちや時間、都合を
# すべてオープンにする

自分の気持ちやプランを伝えるその前に、
まず相手の都合を考えて自分の事柄を相手に合わせ、
相手の懐に入ることが大事です。

*You can't lay away opportunities.*

# チャンスは貯金できない

僕が大事にしている言葉に、「チャンスは貯金できない」というものがあります。人との出会いや、その人と一緒にいい仕事をできる機会は、後にとっておくことができない。もし逃してしまったら、それっきりになってしまう。

とある世界的に有名なブランドに、AMBUSH®のコラボレーション・アイテムを作ってもらえないかとお願いしたときもそうでした。オファーのメールに返信をいただいたのですが「会いませんか」と指定された日は、ちょうど僕の都合が悪かったんです。別の用事で韓国に滞在している最中でした。それでも、

**このチャンスは逃したらいけない、予定の再調整をお願いして、万が一流れてしまうことがあってはいけない、そう判断しました。同じチャンスは二度来るかわからない、つまり貯金できないと考えていたからです。**

そして、その方に会うためだけに朝イチの便で日本に帰ることを、すぐに決めました。もちろん自分にとっては大変なスケジュールになりましたが、そんなことは相手には関係ないですし、当然言ったりもしません。

そして、こういう商品を作りたいというアイディアから、これくらいの価格帯をイメージしているというような具体的なことまで、細かく詰めていってプレゼンテーションをしました。そうしたら、先方は「VERBALさん自身が来て、直接話してくれるんですね」と驚いていた。最終的には、コラボアイテムを作ることが決まっただけでなく、今後に向けたいろんなアドバイスまでいただきました。実際に足を運んで、会ってお話ししたことで、こちらの誠意が伝わったのだと思います。

以前、LAに行ったときブラック・アイド・ピーズのウィル・アイ・アムにたまたま会う機会がありました。ちょうどその時期TERIYAKI BOYZ®の楽曲をお願いしていたので、彼にその件を尋ねてみると、「今日ヒマ？」と突然聞かれ、なんと自宅スタジオに招待してくれることになったのです。

実は別件の仕事が重なっていて、若干都合が悪かったのですが、これは逃してはいけないチャンスだと考え、スケジュールをなんとか調整しました。その後、彼の自宅で楽曲制作の現場を間近に見ることができたのです。以来、彼とは近しい関係を持つことができて、他の仕事につながったりしています。

自分は決してファッション畑の人間ではありませんが、パリコレのような海外のファッションショーに呼ばれたときも、できるだけ行こうと思っています。そういうときにかぎって、いつも音楽の仕事が入っていて、都合が悪いことが多く、1泊3日のような強行軍のスケジュールになる。それでも無理して行けば、日本にいては得られなかったインスピレーションをもらうことができるだけでなく、誘ってくれた人が「わざわざ日本からありがとう」と喜んでくれる。無理をしてでも足を運ぶことで誠意が伝わるし、そこで新しい出会いが生まれることもあります。そういった縁がつながり、2013年1月には、イタリアで行われた世界最大級のファッションの展示会ピッティ・ウオモで、Maison Kitunéというブランドのスタイリングとビジュアル・ディレクションを任され、さらにはそのショーの「司会」も頼まれたのでした。

人と出会い、絆を深めるということは、どこかでおもしろい仕事につながる大事なチャンスです。チャンスは貯金できないからこそ、自分が出会うチャンスを一期一会だと心得ることが大事なんです。

# 同じチャンスは二度と巡ってこないと考える

誰かと話す機会、知り合う機会を疎《おろそ》かにしてはいけません。
同じ時は二度と来ないと考えて、
苦労を惜しまずチャンスを大切にしましょう。

*"Making money is art and working is art and good business is the best art". —Andy Warhol*

# クリエイティブと営業を兼任する

今の僕にとって、フィーチャリングのスキルとは、ミュージシャンとしての活動だけでなく、大きな企業を相手に仕事をするときにも発揮されるものです。昨年からはReebok CLASSICのクリエイティブ・ディレクターとしても働くようになり、アーティストとしてだけでなく、ビジネスの企画を考えることもこれまで以上に多くなりました。

その際に大事なフィーチャリング・スキルが、会社で言うところのクリエイティブ部署と営業部署、この両方を自分の頭の中に持っておくということです。企

**業に対してコラボレーションの企画を持ちかけるとき、自分たちが持っているサービスやプロダクトが魅力的でなくてはいけないですし、それと同時に、それを最も喜んでもらえる相手にアプローチしないといけません。**

クリエイティブ部署のほうは、常にアンテナを張って、新鮮なネタを集めている。たとえば「今、誰がかっこよくて、誰が流行《はや》っているのか」というトレンドや、最先端のテクノロジー、新しいカルチャー、ポップなものや尖《とが》ったアイディアを常に探しています。そのためには自分の中に、この二つの部署が必要なんです。

僕は、まだ無名の若いＤＪやミュージシャンが日本のクラブでやっているアンダーグラウンドなイベントにも、おもしろそうだと思ったらできるだけ足を運ぶようにしています。そういうところの人たちは、メジャーなものに対して突っ張っていて排他的なところがあるんですが、それでも僕のような人間がいきなり行くと、「なんで来てるんですか⁉」と驚いてくれて、すごく歓迎してくれる。ただ飲みに行って楽しむだけでなく、新しい知り合いを作ったり、どんな新しい音楽があるのかを研究したりもできるんです。そうやってアンテナを張り巡らせることで、企業側に活《い》きのいい企画、かっこいいネタをプレゼンできる。

一方、営業部署では、クリエイティブ部署が手に入れてきた新しいテクノロジーや最先端のアーティストの情報をうまく活かせる仕事があるかどうかを探し出すのが役割です。こちらも常にアンテナを張って人の話や企業の動向を見ておく必要があります。そうすることで、企業側の需要に適したものを供給することができます。

たとえば、ビジネスの会食の際に、企業側が何か新しいカルチャーを探しているとわかったとする。そのときに、クラブへ遊びに行ったときに知り合った有能な若手の子とタイアップすればお互いにハッピーなんじゃないかと閃《ひらめ》く。そういうことが、新しい企画が動き出すチャンスになるんです。

冒頭の"Making money is art and working is art and good business is the best art."という見出しの英文は、実はアンディ・ウォーホルの格言で、自分にとってクリエイティブと営業を兼任するという考え方の大切さを再認識させてくれる一文なのです。二つのアンテナを常に張っておくから、いろんな企画を考え出せるし、企業へのアプローチもいいタイミングでできる。そのために、今どんな情報や需要があるのか、スタッフともいつも共有しています。

**才能と需要の二つをつなげるインターフェースに自分がなることによって、よりおもしろい企画を考え出し、実行に移せるのです。**

## 常に二つのアンテナを張っておくことで新しい才能と需要を結びつけられる

才能を探すアンテナと需要を探すアンテナ、
その二つをつなげるインターフェースに自分がなることで、
互いが求めるものを組み合わせて実現させることができるのです。

*People say, don't judge a book by its cover, but they do.*

# てっぺんのチェリーが輝いているか

お客さんにものを買ってもらうときには、自分の意思で買ってもらうことがポイントです。最初から買うつもりでいても、相手の押しがあまり強すぎると「何この人たち、無理してでも売らないとまずいのかな、大丈夫?」みたいな変な空気感になってしまうときってありますよね。それでは、なんとか買ってもらったとしても、よい印象は残りません。

お客さんに自分の意思で買ってもらうために重要になってくるのが、イメージです。商品の機能やコンテンツという中身ももちろん大事ですけど、イメージをどう伝えるかで、大きく変わってくる。たとえばiPhoneなら「持っていることがかっこいい」だとか「オシャレ」だとか、そういったイメージが決め手になって買う人も多い。その商品を買いたいと思う新鮮なイメージを商品が損なわなければ、お客さんはいつまでもそれを進んで買ってくれるでしょう。

たとえば、中身が同じチョコレートパフェでも、パフェの一番上にのせるチェリーがいきいきしているかどうかで、選ばれるかどうかが変わってくると思いませんか。上のチェリーがしわしわで茶色いものと、赤くて甘そうなものだったら、選ばれるのはやはり後者でしょう。チェリーの種類や鮮度だったり、その添え方だったり。**パフェの一番目立つ部分をほんの少し変えるだけで、伝わるイメージには大きな差が生まれます。**

このパフェの一番上のチェリーは、企画におけるフック、いわば飛び道具と言いかえることもできます。実は僕が打つパーティやイベントは、ベーシックな内容はいつもあまり変わらないんです。安定してかっこいいDJの人を呼んでいる。でも、その人たちだけだとよく一緒にやっているので、いくら内容がよくても「前のイベントとどう違うの?」となっちゃいます。そこで、僕は過去にBoAちゃんにDJをしてもらったり、小室哲哉さんにシークレットライブとして五十人程のお客さんの前だけで実施していただいたり、そういった差別化をして、「なんでそんなことができるのか」と驚いてもらうんです。そうすることで、毎回パーティのイメージを変えることができる。常連さんも飽きずに楽しめるし、これまで来たことがなかった人に興味を持ってもらうこともできます。

同じように、たとえば会議で企画をプレゼンするときに、会議の出席者にとってフックになるものは何なのかを考える。出席者がその場にいないクライアントの意向を気にしているようであれば、そのクライアントがピンとくるのは何なのかも考える。**パフェのてっぺんにのせるチェリーのストックをどれだけ持っているかがフィーチャリングにとって、すごく重要なんです。相手にとって飛び切りおいしそうなチェリーを置くことを心がける。**万が一チェリーがピンとこない人が相手なら、その人が好きなもの、たとえばイチゴやメロンを飛び道具に添えればいいわけです。

企画の一番目立つところに、ターゲットに合ったフック、飛び道具を用意することで、相手にとってその企画をより魅力的に見せることができます。

# 一番目立つ部分に気を遣えば
# イメージはいつも新鮮に保たれる

恒例の企画でも、その初めや最後など、相手の目に留まりやすいところに、
常にインパクトのある新しいアイディアを据えれば、
相手を魅了し続けることができます。

*How far are you willing to go?*

# どこまでも会いに行く

m-floの「loves」プロジェクトでは数々のフィーチャリングをしてきましたが、お願いした相手全員が話を聞いてオーケーしてくれたわけではありませんでした。当然、断られたこともあります。中にはあらかじめ無理を承知でオファーしたようなケースもありましたが、そうでなくとも、相手に難色を示されてしまったこともあります。それでも、**どうしてもお願いしたいときには、僕は、相手のいる場所までどこまでも足を運び、直接話をすることにしていました。実際に出向いて、目と目を合わせて話せば、少なくともこちらの思いはわかってもらえると思**

**ったからです。**

とある有名人気バンドにフィーチャリングをお願いしたときもそうでした。もともと僕は彼らの音楽のファンでしたし、彼らが主催したイベントにm-floとして参加したこともあった。すでに関係もあるし、きっと話は早いだろうと思っていました。しかし、お願いしたら「今はそういうことはやりたくない」と言われた。彼らにとっては、他のアーティストと積極的にフィーチャリングしようと思うタイミングではなかったようでした。

なので、なんとか一緒にやってもらえるよう説得するために、☆Takuと二人で彼らに会いに行きました。ちょうど彼らが全国ツアーをしていたところだったので、札幌のライブハウスまで彼らのライブを観に行き、その後の打ち上げにまでついていった。

打ち上げの場では「なんでm-floがここにいるの?」と、いろんな人に思われていたと思います。実際、最初は彼らのテンションも低く、その場で僕らはかなり気まずいムードを感じていました。でも、そこで心を込めて話していくうちに、とりあえず一度スタジオに入ってみようという話になった。結果的には、そこで一緒に作った曲を「かっこいい」と喜んでくれ、彼らも乗り気になってくれた。そうして曲を完成させることもできたし、その後もさらに近い関係になることができたと思います。

札幌の打ち上げの場では、僕らが彼らのことを口説きに来ているということは、あの場の全員にまるわかりだったと思います。でも、そこまで足を運んだことで、一緒に何かおもしろいことをしたいという、こちらの積極的な思いが伝わったのだと思います。

ＢＩＧＢＡＮＧのＧ-ＤＲＡＧＯＮと一緒に曲を作ったときもそうです。それは最初から一緒に曲を作ろうと企画していたコラボではなかったんです。韓国に別の用事で滞在していたときに、僕の友達でもあるＧ-ＤＲＡＧＯＮのプロデューサー、テディのスタジオに遊びに行ったのがきっかけだった。そこで「よかったら曲に参加してもらえないですか」と提案された。それが「間に合わないんじゃない？」と言いたくなるくらいのタイトなスケジュール。だから相手も「忙しそうだったら全然無理しなくていいよ」という感じだったけれど、そこを「いいよ、大丈夫。これから何日か韓国に滞在するから、その間にやろう」と言って、引き受けた。ただ、言ったはいいものの、そこからは、３日連続スタジオで朝まで徹夜です。曲を作ったり、歌詞を書いたり、その場でずっと作業をして、３日で曲を完成させました。

そうしたら、思ってもみないことがありました。そのスタジオには、ＢＩＧＢＡＮＧの事務所、

ＹＧエンターテインメントの会長がよく顔を見せるんです。僕が作業をしていたときにも会長が顔を出して、「ごめんね、こんなに遅くまで」と声をかけられた。そうして、「君、ファッションブランドをやっているんでしょう？　よかったら君に紹介したい人がいるんだ」と、とある大企業のトップの人を紹介してもらえる話になった。自分がなかなか会えないような人に、韓国滞在中にいきなり会えることになったんです。

それは、僕がスタジオに足を運んで、３日連続徹夜で曲を作るという行動で自分の誠意を見せたことによって、相手に喜んでもらえたからですよね。「こいつは一生懸命だし、おもしろい奴だ」と思ってもらえたのかもしれません。それがまた別の出会いの機会にもつながったということなんです。

つまり、会いに行くということは、積極的な思いや、相手への誠意を示すために最適な方法なのです。ビジネスの場においても、メールや電話ばかりではなく、ここぞというときには、自分が足を運ぶことで「わざわざ来てくれた」と思ってもらえて、それをきっかけに話がスムーズに進むようなケースは多い。そういう意味では、相手が遠くの場所にいるときこそが逆にチャンスとも言えるでしょう。誠意を見せるためには、どこまでも会いに行くことも必要となるのです。

# 相手のために苦労をすることは
# 相手に誠意を見せること

どうしても実現したいことを頼む場合は、
相手が遠い場所にいるときこそチャンスと思う。
どこまでも会いに行くことで、相手に自分の思いを理解してもらえるのです。

*A mediocre product is*
*a result of a mediocre mind.*

# なんとなく始めると「なあなあ」になる

僕は自分の事務所にスタジオを持っています。それがとてもユニークな作りなので、そのスタジオを撮影に使いたいだとか、取材をしたいというオファーがくるほどです。スタジオのテーマは、ズバリ「宇宙船の中」！　今まで誰も使ったことのない特殊な防音素材も使ったりして作り込みました。単に僕の趣味で作ったのだと思われるでしょうか。でも、これを作るときにもいろいろ考えたんです。

レコーディングも増えて、いざ自分でスタジオを作ろうと思ったとき、普通のどこにでもありそうなものを、「なんとなく」で作るのはもったいない、つまらないと思った。それだけでそれなりの値段になるけれど、もう少しお金を払ったら、人を呼んだときも楽しんでもらえるし、自分の好きな、モチベーションの上がる夢の空間ができると思ったんです。そうしたら結果的に新しい仕事にもつながりました。

それなりにお金がかかったんですけど、自分の作品として自分の仕事場を見せていくのもいいものだなと思いました。もし費用を削ってごく普通のスタジオを作っていたら、こうはならなかったでしょう。

物事はなんとなく始めたら、やっているうちに「なあなあ」になってしまって、「それなり」の成果しか返ってこない場合があります。**今までやったことのないような新しい物事を始めるときには、変にケチらずに全力でやったほうがいい。時には、思い切ってお金をかけることが必要な場合もあります。**

僕の経営するジュエリーブランドＡＭＢＵＳＨ® が軌道に乗ったきっかけも同じです。アメリカのセレブな人たちがつけている異様に大きなジュエリーを見たことはありますか。あれは素材は豪華なんだけど、ただ自分はお金持ちだよというアピールだけだったりするので、よく見るとデザイン性に欠けるものが多い。

そこで僕らAMBUSH®は考えた。大きくて存在感のあるジュエリーだけど、「今までありそうでなかった」もの。その答えは、一見とんでもないおバカなデザイン、男性が両手と片足を上げたグリコのロゴのようなポーズのネックレスでした。

もちろん、単にユニークなデザインというだけではありません。そのネックレスがすべてダイヤや金などの高級宝飾を大量に使って作られているのがポイントです。指輪で800万円とか、ネックレスで何千万円もするような高価なものですから、みんな最初の反応は、「まさか本物ではないよね？」と。そこから本物だと知ったときのインパクトが大きいんです。みんな「えっ、なんでそんなの作るの？」とおもしろがってくれた。思い切ってやった本気の冗談がちゃんとうけたんですね。

もしうけなかったらすごい大損害だったわけですが、それによって、ジェイ・Zやノトーリアス・B.I.G.などヒップホップ界の大御所たちのジュエリーが並ぶイベント「Hip Hop's Crown Jewels」への展示オファーが来たり、ウェブでも常に海外のアーティストの作品と並んで取り上げられたりと、世界的に認知してもらえるようになりました。

思い切ってお金や時間を使うとなったとき、初めは「高いな」「大変だな」という気持ちもありますけれど、作った後には大きな満足感がある。**「こういうことをしたかったんだ！」という気持ちよさってとても価値があって、その達成感が周りの人にも伝わる。それによって新しいビジネスが派生することはきっとあると思います。**もちろん、ハイリスク・ハイリターンなことばかりをやろうということではありませんが、どんなことでも「なんとなく」やっていたら、達成感も中途半端だし、周りには伝わらない。むしろそのほうがお金も時間も無駄になってしまう。

これは何もクリエイティブにおけるお金のかけ方にかぎってのことではありません。物事を始める際の会議や資料作りでも一緒です。**初めてのこと、必ず成功させたいことをやるときは、少し無理をしてでも思い切って時間や労力を使ってみてください。他のことを犠牲にしたり、他人の力を借りてでも、全力でやるべきです。**信念と労力があるレベルを振り切れば、思いもよらぬ結果にまでつながりますから。

# どうせやるのであれば
# 振り切れるほど思いっ切りやる

自分がいいと信じることであればあるほど、
なんとなく始めるのではなく、お金や手間、時間を思い切って注ぎましょう。
全力をかけて振り切れば自《おの》ずとよい結果につながっていきます。

*Some choices have predestined consequences.*

# 目に見えないあみだくじをたどれ

物事には筋や順序というものがあります。これはあみだくじのようなもの。スタート地点とゴール地点をまっすぐに線で結んで下りていけばいいと思う人もいますが、ゴールにたどりつくにはちゃんとした順序があって、適切な道のりをたどる必要があるんです。特に、目上の人に対してそれを間違うと、どこかでハレーションを起こしてしまい、ゴールにたどりつけなくなってしまいます。

物事の筋をわきまえるのは大事ということを実感したエピソードがあります。

無名なシンガーの女の子が、ある企業のAというお偉いさんに誘われて飲んでいた。共通の知り合いだった僕も、その子から誘われて合流したんです。Aさんは年齢も立場もあらゆる点で目上でしたから、みんなAさんに敬意を払っていました。けれど、ちょっとしたきっかけがあったのだと思いますが、その子がさらに別の偉い人Bさんも呼んだんです。どちらが偉いというわけではありませんが、間にいた僕は、どちらを立てればいいか難しいなと思いました。

案の定しばらくしたら、初めからいたAさんの機嫌が悪くなった。楽しい飲み会の場になるはずが、どこか蔑《ないがし》ろにされた気分を味わうことになったAさんが、女の子に怒り出して、その場の空気が悪くなってしまった。もちろんその子には悪気はなかったんですけれど、誘われた身だった彼女が、別の目上の人を呼ぶのは、もともといたAさんに対して配慮のないこと。同じ人を呼ぶにしても、誰を通して呼んだほうがいいかが決まっていることがある。AさんをとおしてBさんを呼んだのなら、空気が悪くなることもなかったはずです。このように、物事の筋が違うというだけで、フィーチャリングがうまくいかなくなってしまうことは多いんです。

**人生にはそういった目に見えないルールがたくさんあって、それは誰かに教えてもらうか、経験の中で把握していくしかない。**たとえばかっこいいと思われるもの、正しいと思われるものが国によって違うように、失礼と思われるものも全然違う。日本では出された料理を残すと失礼だけれど、逆に中国だとちょっと残したほうがいいとか。他にも日本だとお客様が座る位置も決まっている。そういうことも大事にするように極力意識しています。その国や業界のルールもよくわかっていないのにできるつもりで事を進めようとするのは、深さのわからないプールにいきなり飛び込むようなもの。プールが浅ければゴツンと頭をぶつけて大怪我をする可能性がある。もちろん深すぎて溺れてしまうことだって。だから、まずは深さを知る必要があるんです。

もちろんあみだくじのルートが最初から見えているときばかりではありません。探り探りで後から順序を学ぶこともある。たとえば、僕がジュエリーの仕事を始めたとき、一流百貨店に置いてもらいたいなと思ったところで、誰を入り口にしてどう話を進めればいいのかわからなかった。だから、恐る恐る手探りでやっていくうちに、だんだんと業界のルールや秩序を理解して、それからいろんな話を進めていったんです。**ルールがわからないときに大事なのが、誰に対しても丁寧に仕事を進めていくことです。**そうすれば、もし自分が間違っていた場合にも周囲の人から「ダメだよ」と注意してもらえるんです。間違いを指摘されれば、次からそれを直していけばいい。

目に見えないあみだくじに思いを巡らせて、適切な順序を見極めることが大事。それが、最終的にはフィーチャリングを円滑に成功させる近道になるんです。

それぞれの場所で暗黙のルールが
存在していることに気をつけよう

自分が知らないルールが必ず存在していることに気を配って、
丁寧に適切な順序を守って物事を進めることが、
最終的に成功への近道になります。

Column 4

## 産みの苦しみばかりだが、死ななきゃ強くなる

自分のこれまでを振り返っても、物事が楽に進んだという実感はほとんどありません。特に自分の会社を立ち上げてからは、キツいことの連続。前例のないことを常にやろうとしているので、産みの苦しみがずっと続いているようなものです。しかも、小さな会社なので、いつになったら軌道に乗るんだろうと思うことばかり。会社を経営している人だけでなく、学生や、サラリーマンの中にも、こういう「産みの苦しみ」を抱えている人は、とても多いと思います。そういうときに僕がいつも言うことにしているのが、「死ななきゃ強くなるから大丈夫だ」という言葉。苦しみの渦中では、目の前が真っ暗になるような、先が見えない気持ちになることも多いと思います。でも、大変なことを乗り越えていけば、そのぶん自分自身が強くなる。金銭的なことだけでなく、自分が「産みの苦しみ」を乗り越えたという経験が、自分にとっての支えになるのです。

どんな仕事であっても、何かを作り出すというときは苦しいし、傷つきやすいものだと思います。たとえば上司へのプレゼンであっても、自分一人でゼロから考え抜いて生み出した企画を「どうですか？ これ」と提案して「全然ダメだよ」と言われたら、凹みますよね。でも、傷つかないように予防線を張って、計算がつくものだけをやっていたら、そのぶん予定調和的でおもしろくなくなってしまう。たとえば自分の見込んだ人を起用しようと思ったときも、上司から「過去に何の経歴もないから、うまくいくかどうか証明できないよ」と言われるリスクはある。けれど、実績のある人ばかりを安全策で選んでいたら、結局、誰かを驚かせるようなことはできないかもしれない。僕は「傷つきやすいときほど自分らしさが輝く」と思います。うまくいくかどうかわからないからこそ、それを成功させたらみんな驚くし、それが自分自身の評価につながる。人って、無防備のときが一番輝くんです。

第　5　章

# 超フィーチャリングメソッド

## ～対　組織・状況・自分編

*Connect unlikely dots for unforeseen results.*

# 組織と組織をつなぐ

フィーチャリングは人と人をつなげるだけではありません。応用することで、人と組織、もしくは組織同士をつなげて新しい価値を引き出すこともできます。組織をフィーチャリングするときにも、大事になってくるテーマは「1＋1を3にする」ということです。

組織と組織のフィーチャリングといえば、ルイ・ヴィトンとAMBUSH®で缶バッチ型のMP3プレイヤー「PLAYBUTTON」の限定版を作ったときがまさにそうでした。そのアイテムは、僕の所属するレコード会社のエイベッツクスが流通・販売を担っている商品だったのですが、エイベックスとしては、自社だけで付加価値のあるファッショナブルなイメージをつけるのに限界があり、商品をどうやってCDと差別化するのかに困っていた。

状況を聞いた僕は、ルイ・ヴィトンのデザイナーをしているキム・ジョーンズと旧知の仲だったこともあって、ルイ・ヴィトン仕様の「PLAYBUTTON」を作らないかとアプローチしたんです。キム・ジョーンズ自身もクラブに遊びに来てくれるような音楽が好きな人。さらに、ルイ・ヴィトンという会社も音楽のコンテンツを欲しがっていた。結果、キム・ジョーンズがデザイン、そして僕と彼で選曲を担当した「ルイ・ヴィトンPLAYBUTTON」をリリースすることができました。

ルイ・ヴィトンとのコラボレーションが、エイベックスにとっては「PLAYBUTTON」のイメージをファッショナブルなものにする第一歩となった。僕が間に入ることでエイベックスとルイ・ヴィトンの両者をうまくフィーチャリングして1＋1が3以上になったのです。

**大切なのは、お互いが何に価値を見出《みいだ》しているのかをつかんで、ベストな組み合わせを生み出すこと。そうすることで、お互いのよさをより引き出した新しいものを作ることができるんです。**

僕は音楽やファッション関連のイベントをプロデュースする機会がよくありますが、ここでも同じことが言えます。ブランドや企業の側にとって、イベントに名のあるＤＪやミュージシャンを起用したくても、実現させるのは簡単ではない。そもそも、どうやってそういう人を呼べばいいのかわからないという場合が多い。

一方、ミュージシャンにとっては、ブランドから声がかかってファッションショーで演奏するというめったにない機会は嬉《うれ》しいものです。いつもやっているようなライブハウスとは違う、やったことのないシステム、環境で、これまでアピールしたことのない人の前で演奏できるチャンスになる。

その両者をつなぎ合わせるのが僕の役目。企業にとってはやりたいけれどうまい方法がわからなかったことを実現できるし、旬の人を起用することで投資に見合うイメージ効果というリターンを得ることにもつながる。ミュージシャンにとっては新しいフィールドに進出することができるわけです。

**組織や業界が違うということは、イコール互いにないものを持っているということですよね。その中で互いに欲しがっているものを探り出す。**そうやって僕はイベントをプロデュースするにしても、いいミュージシャンを探してお願いするということ以上の成果を目標としているんです。

このように、フィーチャリングの対象が組織になっても、基本的なやり方は人が相手のときと変わりません。「1＋1を3にする」。それに成功すれば、その仕事に関わったすべての人がメリットを感じて、ハッピーになれる。これこそが、フィーチャリングの醍醐味《だいごみ》です。そのためには、お互いのニーズを見極めて、どのような組み合わせならば両者にとって価値のある相乗効果を生めるかを考えることが重要です。

## 誰と誰の需要を結びつければ1＋1が3になるかを考える

組織同士のフィーチャリングでも、
互いが求めているものが何なのかがポイントです。
お互いにとってのメリットを踏まえて、相乗効果を生める組み合わせを
考えましょう。

*Think outside your comfort zone.*

# フィーチャリングで国境を越える

これまで数々の海外アーティストとコラボレーションしてきました。その経験から言うと、たとえば日本とアメリカでは、コンタクトのとり方から始まって、さまざまな仕事のやり方がまるで違います。日本ではマネージャーを通してオファーするのが当たり前だけれど、向こうでは本人に直接連絡したり、曲を録《と》った後でエージェントと話しをしたりすることもよくある。

カニエ・ウェストと曲を作ったときを例に挙げます。彼のモチベーションは必ずしもギャラがいくらかではなく、どれだけ興味を持てるか、おもしろいと思えるかどうかで決まるところがあります。たとえば、レコーディングのとき、彼はなんと歌詞を前もって書きません。その場でうまく思い浮かべば歌い出して、終われば帰ってしまう。録った後でスタッフが歌詞カードに書き起こし、権利関係の書類などを作成する。日本のやり方では考えられませんよね。

そんな彼が僕のブランドAMBUSH®のジュエリーを気に入ってくれ、「それ、おもしろいね。俺のためにも作ってほしいものがある」と言われ、それ以降、事あるごとにジュエリーのオーダーをしてくれました。ファッションへの強いこだわりが通じ合い、その他のコラボレーションにつながったりもしました。そのお陰で、国境を越えてあらゆるチャンスが舞い込んできたのです。そんなカニエの特性を理解しないで、マニュアル通りに彼に音楽などの仕事のオファーを持ちかけていたとしたら、高い確率で断られていたと思います。

最近ですと、倖田來未さんがT・ペインをフィーチャリングしたときに、僕が双方をつなぐためにに間に入ったことがありました。僕にとっては、フィーチャリングをフィーチャリングするという仕事です。海外のアーティストとのコラボレーションは、お互いにいい曲を作るという目的が一致しているにもかかわらず、なぜか途中でこじれてしまうことが多い。その理由は、それぞれが自分たちのやり方を通すあまりに、エゴやプライドがぶつかってしまうから。もう一つの理由は、二人の間に立つ通訳やビジネスをハンドリングする人間が、一方を気にして大事なことを相手に言わなかったり、逆に相手側が伝えたいニュアンスをきちんと伝えてくれなかったりすることです。

たとえば、**食べ物には味と旨《うま》みというのがありますよね。味が意味だとしたら旨みはニュアンスだと言えます。その食べ物のおいしさを伝えるときには、味だけでは足りない。旨みをうまく伝えることが必要です。**それをわかっていない人が通訳をすると、いつもこじれてしまう。「そんなの直訳したら怒るよ。なんでそんなこと言うの?」みたいなことが起こってしまうわけです。だから、英語が流暢《りゆうちよう》に話せるのにちゃんと交渉を収められない人もいれば、英語が下手でもうまく交渉できる人もいます。

僕が間に入るときは、どうすればその人たちがよい形でつながれるのかをよく考えます。同時に、自分がどれだけ影になれるかも大事になってきます。そこに呼ばれるということは、僕の特性が必要とされているということでもあるので、その場で自分の知識や役割が必要であれば言うべきことは言う。だけど、聞かれてもいないのにズバズバ発言するとただのうざい人になってしまいます。必要があれば表に出るけど、そうでなければ引っ込んでいるという切り替えを上手にするためには、何よりもそれぞれのことをしっかり配慮することです。

国境を越えたフィーチャリングでは、単に英語を話せるかどうかではなく、お互いの異なるやり方を尊重することが必要なのです。逆に言えば、**言葉もやり方もわからなくても、お互いが何を求めているのかというのを十分理解してさえいれば、互いが互いの価値を「プレゼント」として気持ちよく交換する場を作ることができるのです。**

互いのニーズを理解すれば、
言葉や文化が違っても
うまくつながることができる

海外の人と仕事をするときは、英語がうまくしゃべれることよりも、
互いのやり方が違うことを踏まえた上で、
それぞれ何がメリットと感じるかをしっかり把握することのほうが大切です。

*There are no negative situations,*
*only negative attitudes.*

# マイナス要素を逆手にとる

一般的にはマイナスだと考えられるような要素も、フィーチャリングのやり方によっては、それを逆手にとってプラスに転じることができます。たとえば知名度。イベントなどの何かの企画を立てるとき、どうやって人気のある人を起用するかだけに頭を捻《ひね》るようなことが多いと思います。知名度が低い人をフィーチャリングして何のメリットがあるの？　と、考えるのが一般的なのかもしれません。

しかし、m-floでは知名度が低い人とフィーチャリングしたからこそ成功した例もあるのです。たとえばＹＯＳＨＩＫＡをフィーチャリングして「Let Go」という曲を作ったとき、彼女は無名のシンガーと言ってよかった。彼女のことはＪ－ＰＯＰフォーラムドットコムという、アメリカ在住のファンがＪ－ＰＯＰを語り合うサイトで知りました。インディーズで活動していた彼女は、知名度はまったくなかったけれど、抜群に歌がうまかったんです。僕たちが一緒に作った曲はボーカルの知名度を考えると、異例のヒットとなりました。

すでに有名なアーティストは知名度がある反面、先入観を崩していくハードルが高い。つまり意外性のないものに落ち着いてしまう危険性があります。無名な人のほうが、「誰これ？」という新鮮さがあって、ヒットにつながるケースだってある。僕らは新人を発掘して「この人たちどこで見つけてきたの？」と思わせるようなことがやりたかったので、嬉しい成果でした。**彼女もm-floと一緒にやるということで気合を入れてくれたし、m-floにとっても、彼女を抜擢《ばってき》したことで、m-floといえばプロデューサー二人組であるというイメージを固めることができました。**

また、たとえばお金がないというマイナスも、フィーチャリングでプラスに変えることができる。僕にイベントのプロデュースの依頼がくるときに、クライアントさんは、投資に見合うリターンを考えてお金を出すわけです。いくらお金を持っているからといってもムダ遣いをしたいとは思わない。少しざっくりした話ですけれど、出演者のための予算が１００万円だったときに、

100万円かかる有名なDJを起用した場合、そのDJ目当てのお客さんが集まるのは当然と考えます。でも、さらに巷《ちまた》で噂《うわさ》になっている若手も加えたら、また違うお客さんを呼ぶことができます。当然、予算は足りなくなるのですが、じゃあ有名DJに90万円でできないか交渉してみましょうとなるわけです。ギャラの高い有名DJも必ずしも単に値切られたと思うわけではなくて、**勢いのあるとされている若手がイベントのラインナップに入っていれば、そのことに価値を見出して出演してくれる**ということもあるのです。フィーチャリングを工夫することで、クライアントも有名DJも若手の子たちもみんなハッピーになるんです。

似たようなことはジュエリーでも言える。ブラウンダイヤモンドは、ジュエリーの世界では、ホワイトダイヤモンドに比べると価値が低いと言われています。値段も比較的安い。でも、うまくイエローゴールドの中にそれをちりばめると一見ホワイトダイヤモンドの白い輝きを放っているように見えるんです。予算が足りなくても、金にダイヤをちりばめた飛び切り豪華なイメージを演出することができる。

マイナスと思われるような要素でも、やり方一つで、マイナスを補うどころか、プラスに変えることができる。フィーチャリングをここまで活用できると、仕事の幅はぐっと広がります。

マイナス要素もとらえ方次第で
マイナスを補うどころか
プラスに変えることができる

お金がない、時間がない、知名度がないといったマイナス要素も、
その特性をうまく利用すればプラスの作用に変えることができます。

*Learn to "brand" yourself.*

# セルフブランディングこそ成功の鍵

ここまでフィーチャリングで成果を生み出すため、さまざまなフィーチャリング・スキルについて書いてきました。この項目では、何を目的として、フィーチャリング力を身につけるのかをもう一度考えてみたいと思います。

フィーチャリングを実践してスキルを磨けば、コミュニケーション能力が上がることはもちろん、他人とは一線を画した成果を生み出すことができるはずです。しかし、フィーチャリング・スキルを身につける目的には、もう一歩踏み込める部分があると僕は思います。

**フィーチャリングの究極の目的を一言で言うと、「自分自身をブランドにする」ということではないでしょうか。**同僚や取引先のよいところを引き出して、仕事の成果をより大きなものにしていくというフィーチャリング・スキルを、最終的には自分自身に向けて活用するのです。それによって自分が持っている特性を最大限に引き出し、周りの目から見ても、あなたのオリジナリティ、つまり得意分野やキャラクターなどが際立って映るはずです。その結果として、他人へのプレゼンテーション力が強くなる、つまりプレゼントとして求められやすくなり、「セルフブランディング」に成功するというわけです。

セルフブランディングとは何も特殊なアピールをするということではありません。たとえば、ファッション・デザイナーになりたくて準備をしているセンス抜群の二人の女性がいるとします。一人は遠くの百貨店にあるシャネルのコスメカウンターで働いている。もう一人は自宅の近くの居酒屋で働いている。家の近くで働くほうが便利だし、もしかしたら居酒屋のほうがお金は貯まるかもしれない。けれど、ファッション・デザインの仕事にも通じるようなセンスが磨かれ、チャンスが多くあるのはきっとコスメカウンターで働く女性ではないでしょうか。

これは当たり前といえば当たり前の考えだと思います。けれど、もう一つここに重要なポイントが潜んでいます。他人から見て、彼女たちがどのような人間に見えるかということです。社会人になれば相手が何の仕事をしているのかという事柄は、最も基本的なプロフィールの項目。友人同士の交流で、イベントで、新たなアルバイト募集で、今の仕事を話すとき、どちらが、センスがあるように思えるかは明白ですね。この場合は、**自分をシャネルのコスメカウンターにフィーチャリングしてもらうことで、自分のセンスをよりアピールしているわけです。**

夢に近づくために、彼女が自分自身を磨く箇所は多くあるでしょう。けれど、自分の内面だけではどうにもならない部分、身の回りのもの、友人、同僚、職場、環境などの力をうまく借りることで自分をよりプレゼンしやすくなるはずです。それは見栄えのいいこと、上辺だけを取り繕うこととは違う次元のお話です。

m-floのセルフブランディングの話をしましょう。僕らがグループとしてのセルフブランディングをしようと意識したのは、「loves」プロジェクトの頃です。世間的には、ボーカルのLISAが抜けたことで、歌も歌えない地味な見た目の男二人が残ってしまったというイメージを持たれるのは必至です。そう思われてしまっては人気商売であるミュージシャンとしては非常にまずいので、どうするのか。

僕らはあえて二人でやっているんですという存在感をアピールする必要があると考えました。そのためにジャケットやその他のさまざまな場所で露出する際、サングラスをした二人の顔のアップ写真で突き通しました。二人になって最初のアルバム・ジャケットのデザインの候補に空を飛ぶホットドッグみたいな宇宙船の絵柄が出てきたことがあった。「これm-floとどう関係あるの?」とデザイナーに聞いたところ、答えは「オシャレじゃないですか」。「いや、オシャレなことをしたいんじゃなくて、二人のグループだよっていうことを強調したいんだ」とボツにしました。当時のレコード会社のスタッフにも「『メン・イン・ブラック』みたいでダサい」なんて言われましたが、無視した記憶もあります(笑)。毎度二人の顔のアップだとバリエーションを見せるのが難しくなってくるのですが、それより大事なのは二人でやっているんだっていうのを強く見せること。

本当は僕たちだけでできること、やるべきことはシンプルです。それはいい音楽を作ること。**でも、LISAが抜けて、ボーカルという大事な柱が個性として認識されなくなりました。僕たちは自分の価値がまだきちんとあるということを、別の側面からみんなにプレゼンテーションしなければならなかった。**そこで、とにかくビジュアルを固定して押し通し、僕らの音楽は、二人が作っているということを強調し続けました。サングラスで地味な見た目の男二人をフィーチャリングしたと言えます。結果的には僕らの意図した通り、m-flo＝サングラスになったし、m-flo＝二人組というイメージに変わり、セルフブランディングは成功したと考えています。

実はすごくよい人なのに、怖そうな金髪がトレードマークである人だとか、特徴的なファッションで長く活躍している人はみんな、自分の特性をそのビジュアルで引き立て、セルフブランディングしているはずです。

**セルフブランディングとは、自分の価値を最大化するための投資です。そして、この投資は惜しむべきではない。**ばっさり坊主にすることで、すぐに真面目な印象を与えられるなら、安い投資のはずです。髪型や洋服、言葉遣い、仕事や環境など、さまざまなものを大胆にフィーチャリングすることで、自分自身の価値を他人にプレゼンテーションできるようになるわけです。

自分をアピールできる仕事、自分のやりたい仕事に近づく。自分の伝えたいイメージに自分自身を近づけるような演出をする。あらゆる局面においてこれらを意識し、実行することができれば、やがて自分の価値は最大化され、誰からも求められる自分のブランドができ上がるのです。

# 自分をフィーチャリングすることで、自身のブランド価値を最大化できる

外見から職場環境まで、身の回りのあらゆるものを吟味し、
自分の魅力が引き立つフィーチャリングをしていくことで、
自分の個性を際立たせ、自分をブランド化することができます。

Column 5

## お金を稼ぐことはアートだ

アンディ・ウォーホルの名言に「ビジネスを成功させることは、最も魅惑的な種類のアートだ。お金を稼ぐことはアートで、働くことはアートで、グッドビジネスは最高のアートだ」というものがあります。僕は彼の言葉に心から賛同します。アーティストの中には、お金を稼ぐことに対して否定的な考えを持っている人も多い。お金なんか関係ない、自分のやりたいことをやっていればいいんだと言う人は多いです。確かに僕自身も、いかにお金儲けをするかという狙いだけが透けて見えるようなものは、アートとしてかっこ悪いと思います。しかし、自分のやりたいことをやってお金を稼ぐのは、何ら恥じるようなことではないし、とてもかっこいいことだと思う。NIGO® さんやコム・デ・ギャルソンの川久保玲さんなど、僕が尊敬する人も同じ考えを持っていると思います。

サルバドール・ダリも、実は生前は企業との仕事ばかりしているとたくさんの人に批判された人でした。商品デザインを手がけたり、テレビコマーシャルに出演したり、創作より金儲けばかりに熱心で、本物のアーティストではないと言われていたんです。でも、彼はあえてそうしていた。金儲けをしないと好きなことはできない、だから人前に出て有名になって好きなことをやろうと考えていたのです。

結局、ダリはその時代のシュールレアリスムを代表する人になりました。金儲けばかりしていると批判していた人の中には同業の画家もいたはずですが、そういう人は彼ほど名を残していない。アンディ・ウォーホルの「グッドビジネスは最高のアートだ」という言葉も、つまりはそういう意味です。お金なんか関係ないと思っていたら、いかにやりたいことをやっていても、長続きしない。それよりも、自分の好きなことをやって、それをビジネスに変えるほうが、ずっとアートとしてかっこいいことだと思います。

# 第　6　章

# フィーチャリングで起こす奇跡の仕事

*There is no such thing as "Lifetime Employment".*

# 一生できる仕事なんてない

前章では、フィーチャリングを活《い》かして「自分自身をブランドにする」ことが成功の鍵だと書きました。変化の激しい昨今、どんなビジネスマンにとっても有効な考え方だと思います。これまでは当たり前だった、定年まで同じ会社で同じ仕事をしていくという常識が崩れている。一生安泰だと思っていた会社が潰れてしまうことだってたくさんあります。

先日、タクシーで運転手さんと話す機会がありました。「お兄さん、どんな仕事をしてるの?」と聞かれて「ミュージシャンです」と答えたら「俺は昔ゼネコンで働いてて、結構儲《もう》けてたんだよ。接待で一晩100万円とか使ったんだけど、今じゃそんなこと信じられないよ」と語っていた。そのときに運転手さんがふと「一生できる仕事なんてないんだよな」とつぶやきました。その言葉が強く印象に残っています。

ミュージシャンは人気商売で、他の職業と比べても浮き沈みが激しい。僕自身、デビューしたときに「ラッパーの寿命はだいたい2年だから」と業界の人から冗談交じりに言われました。一世を風靡《ふうび》したけれど、アッという間に人気がなくなってしまう人も珍しくない。でも、中には同じことを続けているのに、なぜかずっと人気がある人もいる。自分なりに、そうやって長続きしている人はどういう活動をしているかを研究したことがありました。そこで導き出した一つの共通点は、同じことをやり続けながらも、周りの人たちがどんどん入れ替わっているということ。

**これは独自性を掘り下げようとすることだけがセルフブランディングなのではないというとても貴重な発見でした。つまり、「自分自身は同じことを貫き通しながら、フィーチャリング相手を変えていく」という方法があるということです。**そうすることで、自分の得意なことを続けながらも常に自分のイメージを更新していけるんです。

たとえば、マドンナがそう。曲を書く人やプロデューサーが変わったりと、フィーチャリングの相手が変わっていくことで、いつも新鮮な活躍をしていますよね。周囲を変化させることで自分のイメージをどんどん更新している。

アメリカのヒップホップ・シーンで活躍し続けている人たちにも同じことが言えます。P・ディディーも、ジェイ・Zも、カニエ・ウェストも、ファレル・ウィリアムスもそう。自分自身のやっていることは、ほとんど変わっていない。ただ、時には女性アーティストとやったり、時にはアパレルと組んだりして、一緒に仕事をするアーティストたちがどんどん変わっていく。

ファッションブランドでも同じような例がたくさんあります。ルイ・ヴィトンは「ダミエ柄」という同じデザインを200年近く作り続けています。実は第二次世界大戦の前には、ダミエ柄を採用するブランドが、200くらいあったそうです。それぐらいダミエ柄というのは当たり前なものでした。その中でほぼルイ・ヴィトンだけが生き残ったのは、常に見せ方を変えていったから。実際、少し前には「おばさんのブランド」みたいなイメージで、人気が下火になった時期もあったと聞いたことがあります。しかし、モハメド・アリやゴルバチョフ元ソ連大統領を広告キャンペーンに起用し、マーク・ジェイコブスやキム・ジョーンズのような新進気鋭のデザイナーを抜擢《ばってき》することで、そのイメージを刷新し続けてきたんです。

変化の激しい時代に、同じ仕事を一生できる保証はどこにもありません。自分のスタイルに固執するあまりじっとしていたら、理解者が少なくなっていくのは当然と言えます。でも、**人間は根本的に大きく変わることは難しいし、自分の得意なことを活かせるのが一番いい。そのためにも、自分以外の誰かの力を借りて、さまざまな角度から自分の持ち味を引き出してもらうことが必要なのです。**新しいフィーチャリングを繰り返すことで、あなた自身が進化し続けることができるはずです。

# 一つのことを続けながら
# 環境を変えて進化する

第一線で長く活躍している人は、やることの基本が変わらなくても、
自分のイメージを常に更新しています。
フィーチャリングの相手を上手に変えることが一つのことを
長く続ける秘訣《ひけつ》なのです。

*"I am always doing that which I cannot do, in order that I may learn how to do it." —Pablo Picasso*

# ネクストステージは無謀なことの先に待っている

僕にとって転機と呼べる思い出深い仕事があります。それは、ZIPPOのイベントのプロデュースです。今でこそ規模の大きいイベントをプロデュースする機会をいただいてますが、初めてそういったことに本格的に取り組むことができた機会でした。

イベント企画のプロデュースにアーティストを起用するといっても、多くの場合実態は名ばかり。アーティストはDJやライブなどに出演するだけで、企画や予算の配分は広告代理店が取り仕切るというのが一般的なケースだと思います。

しかし、マッキャンエリクソンという代理店の藤田正裕さんは違いました。彼は僕のことをとても買ってくれて、「この予算を使って、商品を作って、パーティもやってほしいんだ。VERBALだったらおもしろいことできると思うんだよね」と言ってくれたのです。いわば彼が、僕をそのイベントにフィーチャリングしてくれたんです。

僕にとって前例のないチャンス。頼んだことを後悔させないようにしたい。そのためにも常識では考えられないほど豪華なパーティにするんだ。今まで培ったフィーチャリング力をすべて注ぎ込もう、そう意気込みました。

まずは肝心の商品です。蓋《ふた》の部分に目玉をあしらい、〝EYEZ ON FIRE!〟というZIPPOとAMBUSH®のコラボアイテムを作りました。でもここからがひと勝負。ただのリリースパーティでは、人を呼ぶのにも限界があります。ちょうどその時期に行われることになっていたジャパンファッションウィークのアフターパーティと、今回のリリースパーティを合体させようと考えました。告知にはダブルデッカーのバスをラッピングして借りました。1週間そのバスで宣伝してまわって、イベント当日には招待した人を会員制のクラブまで送迎するバスとしても使用しました。

来てもらった人にはもちろん最高のパーティだったと思ってほしい。そして来られなかった人にも、伝説のパーティと呼ばれたい。自分の過去の人脈を駆使して、カニエ・ウェストなど超一流の人たちにDJをお願いしました。通常はリストバンドで作るゲストパスも、VIPの人たち用にはかっこいいネックレスまでオリジナルで作った。

**「こんなパーティあったらすごい！」。そんな夢のようなイベントを実現させようという野望があって、そのためには限界なんて設けない。自分が金銭的に負担してでも成功させるというぐらいの勢いと覚悟でした。**初めての規模の大仕事なのに、思いついたことは何にでも手を出して、徹夜の連続もしばしば。本当に大変でした。無我夢中で突っ走ったのを覚えています。

結果として、たくさんの関係者やVIPが足を運んでくれて、イベントは大盛り上がり。ZIPPOには喜んでもらえたし、みんなが「どうやってこんなこと実現させたの？」と驚いてくれた。カニエ・ウェストなんて、今でもこのイベントのネックレスをつけてくれています。

ただ、流石《さすが》にお金を使い過ぎました（笑）。ゲストパスのネックレスだけで何百万円もかかって、イベント全体では赤字になり、足りない分を本当に自分で負担することになってしまったんです。けれど、その当時も今も赤字になったことを失敗ととらえたことはありません。飛び切りおもしろいことができた上に、自分が進化できたんですから。この仕事を機に、単なるミュージシャンからスケールの大きいイベントのプロデュースなどへ、仕事の幅がみるみる広がっていきました。いわばネクストステージに連れて行ってくれた仕事です。僕があのとき、予算の枠を気にして、少しでも黒字になるようにと、それなりのパーティにしていたら、今の僕はなかったと思います。

「お金がかかるから無理」とか「時間がないから無理」と言って、断ったり、規模を縮小することは簡単です。そうやってリスクを回避するのもビジネスとしては間違っていないのかもしれない。けれど、僕自身の経験を振り返ると、「無茶をしてよかった」と思うことばかりです。**部分的な凹みやマイナスを気にするよりも、そのときにできることに特化し、成果を最大化することのほうが、よりよい結果になっていくことが多い。**絶好のチャンスをもらったら、たとえ他人からは無謀だと思われることでも、とことんやる。それが、周囲からの評価につながり、新たなチャンスを呼び込むのです。

# 絶好のチャンスでは
# 赤字覚悟で全力を尽くす

時間や予算に縛られて、無難な結果に終わるよりも、
無謀だと思われるくらいに一生懸命やって、大きな成果を目指したほうが、
新たなステージの仕事につながっていくものです。

*How to perform miracles at work.*

# 仕事で奇跡を起こすには

「クリエイティブなことをやろう」。そういう言葉はさまざまな場所で聞かれます。では、具体的に「クリエイティブなこと」とは何でしょうか？　僕はそれを「前例のないことをやる」という意味だと解釈しています。ものを創り出すというのは、過去にできたことを繰り返すことではないのです。そんなことではおもしろくない。毎回同じプレゼントでは、もらった人を喜ばせることはできません。

前例のないことをやるというのは、決して簡単なことではありませんよね。今まで誰もやらなかったことを自分が実現するのですから、どんな小さなことであれ「奇跡を起こす」必要があると僕は思っています。もちろん、試行錯誤も必要になるし、摩擦も生まれる。でもそれを成功させれば、「すごい！」「なんであんなことができるんだ？」「うちでもやってよ」と、自然な流れで、いろいろなことを頼まれるようになっていくんです。**奇跡がすごいのは、一度奇跡を起こせば、それはさらに次の奇跡を呼び込むということです。**

では、前例のないことをやる、つまり、奇跡を起こすためにはどうすればよいのでしょうか。たとえば、「最高の時計を作って売りまくってくれよ」といきなり頼まれ、必要なパーツをポンと渡されたとします。でも、普通一人ではできませんよね。気合を入れて部品を組み立てれば、うまくでき上がるかもしれない、そう闇雲に信じる人もいますが、そんなわけはありません。

僕はこう考えます。**「何をやりたいか」というゴールを明確にしたら、そこから逆算をするように、ゴールまでの道のりに必要なチームメンバーをフィーチャリングすればいい。肝心なのは、いつまでにいくらでやるのかより、誰と一緒にやるのか、です。**時間やお金、気合や努力よりも、いいチームを集めればゴールに到達できる。答えはシンプルです。

もちろん何もできない人、できることが同じ人が集まっても意味がない。時計の作り方がわかる人、かっこよくデザインできる人、売り方のわかる人、さらにはお客さんを呼べる人をそろえる。そうやって初めて、かっこいい時計を作って売ることができる。

ヒップホップのグループで、ウータン・クランという人たちがいて、僕は彼らのことをよく参考にします。90年代、彼らはグループとしてかっこいい人たちのお手本でした。9人いるのにそれぞれが個性的で、それぞれにソロ活動もしている。常にメンバー同士でフィーチャリングをしあっているような化学反応を起こしていました。**群れなのに個性的で、互いの持ち味を引き立てあう。いいチーム、いい組織というのはそういうものだと思います。**

自分が携わることができた「奇跡」の例としては、過去に安室奈美恵さんにとあるプロジェクトを提案したときのことが挙げられます。

90年代にデビューし、20周年を迎えて今なお人気絶頂を誇る彼女ですが、小室哲哉さんのプロデュースを離れた後、新しい方向性を模索しているように思えた時期がありました。ちょうどその頃、小室さんの「song nation」という企画で彼女と一緒に参加させてもらっていて、「本格的なR&Bをやりたい」という話題になりました。当時「日本のジェニファー・ロペス、ビヨンセって誰だろう?」と考えたら、安室さんしかそれに見合う人はいないだろうと思っていたので、いつそのこと名前も「SUITE CHIC」と変えて、日本で誰もやったことのないような本格的なヒップホップ／R&Bをやりませんか、と提案したのです。僕は彼女の本来の持ち味を活かすべく、ヒップホップ／R&B畑で名の知れたかっこいいアーティストやプロデューサーたちに声をかけ、プロジェクトが本格的に始動したのです。

結果、SUITE CHIC名義でのオリジナルアルバムは異例のヒットとなりました。これ以降、安室奈美恵さんは本格的にヒップホップ／R&B路線へと転向したというような言われ方をしていますが、そもそもの彼女のルーツは、ヒップホップ／R&Bです。このプロジェクトを考案することによって、本来の場所に帰ってくるリブランディングのお手伝いができたのではないかと思っています。

一人きり、もしくは同じことしかできない人だけで、前例のないことをやり遂げるのは、たとえあなたがどんなに有能でも、それこそ奇跡的な成功率だと思います。でも、互いに有機的にフィーチャリングをしあう生命体のようなチームを作れば、奇跡は起こるべくして起こせるようになるはずです。

# 前例のないことを成功させるには
# チーム作りが重要

一人でできることの限界に挑むよりも、
どのようなメンバーが必要かを考えるべきです。
互いの個性がうまく機能するようなチームを作れば、
自《おの》ずとクリエイティブな仕事ができるはずです。

*Re-branding Japan.*

# 日本という国をフィーチャリングする

今アジアの中で、日本は元気がなくなってきていると言われています。中国やタイのように景気のいい国から日本に帰ってくると、それを実感せざるを得ません。先日も知り合いに招かれてタイに行ってきたのですが、タイは今ものすごい経済成長のまっただ中で、数億円する77階建のマンションがどんどんと売れている状況を目の当たりにしました。昔の感覚ではとても考えられないことが現実に起こっています。

韓国のＰＳＹの〝カンナムスタイル〟の大ヒットも、これまでの常識をくつがえした出来事でした。英語じゃないと世界ではヒットしないと長いこと言われ続けてきたけれど、あの曲は韓国語のまま大ブームになった。「この事務所に入ってないと成功できない」という常識のようなものが崩れて、ネットから出てきた真新しいアーティストがいきなり売れ始めるなんてことも珍しくなくなってきていますよね。**これが成功するために必要な条件だ、そう言われ続けてきた、これまでの方程式が通用しない時代になってきているのです。**

一方、日本の音楽業界では「このやり方じゃないと売れない」という考え方に縛られている傾向が強い。たとえばテレビ、ネットメディアへの露出、イベントの仕かけやファンサービスまで、ありとあらゆることをしないとCDが売れない、という。音楽業界だけでなくさまざまな業界でも、椅子取りゲームの後半戦、つまり、だんだん椅子が減ってきているのはわかっているはずなのに、それぞれ同じ方法でゲームを続けている。そんな閉塞感を覚えます。

タイでは、「MONOCLE」というライフスタイルマガジンの編集長、タイラー・ブリュレと会って話しをしました。彼はロンドンを拠点にジャーナリストとして仕事を始め、90年代に最も影響力のある雑誌メディアの一つとなった「Wallpaper*」を立ち上げた男です。今は富裕層向けのメディアを展開するだけでなく、クリエイティブ・ディレクターとして世界中の企業と仕事をしています。彼がなぜタイにいたかというと、タイ政府から「タイという国をもっとかっこよく見せるようにしてくれ」というコンサルティングの仕事を依頼されたから。政府自らが、国のブランドを再構築し、世界へ発信するために、ブランディングの専門家として外国人を起用したのです。いわば、タイラー・ブリュレ、彼こそがフィーチャリング・マスターなのかもしれません。

僕はそれを知ったとき、**人や組織だけでなく、国のようなスケールでも、フィーチャリングを駆使することで、新たな魅力を開拓できるんだと気づいて興奮しました**。夢を語らせてもらえば、もしも僕に「日本を元気にしてください」というオファーが来たなら、精一杯応えたい。具体的に何をするかはまだわからないし、どんな規模なのかもわからないけれど、僕しかできないことがきっとあると思う。僕の得意な分野は、音楽とファッションとアート。誰も見たことのない、人が心底楽しめるようなものを作るのが好き。そういうものを通して、日本を元気にする、日本の価値を高める自信はあります。ＰＳＹの大ヒットやタイラー・ブリュレの例を見ていると、まだまだ奇跡はたくさんある。そして、日本でもやれることはたくさんあると思います。「日本は景気が悪いから」なんてため息をついて、過去のやり方にとらわれている場合じゃない。新しい日本が必要としているのは、みんなのフィーチャリング力だと思います。

# フィーチャリング できないものなんてない

国のように大きな組織にもフィーチャリングは有効。
たとえ今、うまくいっていない組織でも
フィーチャリングによってその価値を引き出すことができるはずです。

## おわりに――フィーチャリング 最後の極意

本書では、フィーチャリングの実例として僕の体験を多く挙げてきましたが、最後に僕という人間の実態をお話しします。僕はこの本に書いたことのすべてがすらすらとできる、器用でスマートな男ではありません。デビューして間もない頃などは、今思い返してもとんでもない失敗を多く経験しました。たとえば、あるアーティストから曲のリミックスを依頼された際、英語のラップ口調で「オリジナルはださいけど、このリミックスはかっこいい。レッツゴー！」と思ったままのことを曲の冒頭に入れたことがあったんです。それを聴いた当時のavexの担当であるSさんには、「VERBAL、そんなことしちゃダメだよ！　何か言いたいことがあったら本人に面と向かって言えるぐらいの器の人間になれ」と厳しく叱責されました。僕は、それぐらい謙虚さに欠けた未熟な人間だったんです。トガッているだけで、他人への配慮が足りない浅はかな若者だったと思います。

音楽活動だけでなく、ビジネスマナーに始まり、営業も経営もイベントプロデュースも基本の「き」の字からできておらず、体当たりしては失敗することの積み重ねでした。ただ、失敗を通してわかること、見えてくることがたくさんあったのです。二度と同じ間違いを犯さないように反省して、どうしてうまくいかなかったのかについては人一倍よく考えたと思います。

数々の失敗の中で僕が身につけてきたのが、本書で書いてきたフィーチャリングの力なんです。みなさんもどうか、最初からうまくやろうと考えないで、失敗を次に活かすことを考えて、一歩ずつ前に進むことをイメージしていただければと思います。

ここでフィーチャリング、最後の極意をお伝えします。それは、

**したたかさと謙虚さを兼ね備えよ**

ということです。

本書を読んでおわかりの通り、フィーチャリングとは成果を見据えて相手の力を引き出すことですから、時に打算的であるととらえられることもあると思います。ただ、この打算は自分のための打算ではなく、互いの成果のための打算であり、それは現実に対する誠実さだということな

のです。

フィーチャリングは、夢を実現可能にするもの、小さな奇跡を起こすものです。そのためには、現実をしっかりととらえ、ビジョンやゴールに対してどのようにそれを実現するのかを真剣に考えなければなりません。クレバーに、冷静に物事を考えなければいけないんです。謙虚さが大切なのは、相手と共に仕事をすることなので、もう言わずもがなですよね。この両方を高いレベルで意識することが大切なのです。

みなさんが、それぞれの仕事で自分のビジョンを実現するのに、本書が少しでもお役に立てば、僕にとってこの上なく幸せなことです。みなさんのフィーチャリングが実を結び、数々の奇跡が起こされることを願っています。

今回、フィーチャリングについて原稿を書き進めていくことは、これまでの道のりを振り返ることでもあり、僕にとって非常に有意義な時間でした。その中で、痛感したのが、僕は出会いに恵まれていたということです。

もともとラッパーとしてスタートした僕は、ビジネスの世界では右も左もわからない新入社員同然。アメリカにいた期間が長かったので、日本の文化や暗黙のルールのようなものについても、ほとんど何も知りませんでした。

そんな未熟な僕に対して、たとえ言いにくいようなことでも率直にアドバイスをしてくれる方々の存在は大変貴重でした。中でも、デビュー当時のavexの担当者であるSさんと、妻でありAMBUSH®のデザイナーでもあるYOON、この二人の存在はとても大きなものでした。

Sさんにはデビュー当時からお世話になっていて、今もお付き合いが続いています。前述のような僕の考えなしの傍若無人な振舞いをいつも遠慮なく叱ってくださいました。社会人としてのルールやビジネスマナーに始まり、公私共に多くのことを親身になってアドバイスしていただきました。

そして、学生時代からの長い長い付き合いであるYOON。彼女は、僕がいいことをすればいいと言ってくれるし、悪いことは悪いとはっきり伝えてくれます。たとえば、スタイリングで、僕が着ている服がださければ、それが流行りの服だろうが「ださい」とズバリと言います。僕が「これはどこどこの服なんだよ」と言っても、「でも、ださいよ」と。そうすると、僕も「たしかに流行ってはいるけれど、本当にこれはかっこいいのだろうか」と考え直すいい機会になったりするわけです。これは服にかぎらず僕の音楽やビジネスについても然《しか》りです。彼女はいつも一番近くで、一番客観的なアドバイスをしてくれました。公私共に掛け替えのないパートナーです。いつもありがとう。

ＳさんやＹＯＯＮをはじめ、僕を支えてきてくださった周囲のみなさんの協力なしでは、今の自分はありませんし、本書で書いたようなフィーチャリングの力を身につけることもできなかったと思います。この場を借りて、深い感謝の意を表したいと思います。

２０１３　ＶＥＲＢＡＬ

本書は書き下ろしです。
原稿枚数180枚（400字詰め）。

エグゼクティブプロデュース：見城徹（幻冬舎）
プロデュース：関佳裕（avex entertainment inc）
コーディネート：中西宏太郎（avex entertainment inc）
アーティストマネージメント：小作謙介（AMBUSH®）

ブックデザイン：坂本陽一（mots）
DTP：今田博史（スタジオアイム）

カバー写真：TAKAMURADAISUKE（NANOOK）
ヘアメイク：Takakusagi Go（VANITES）

編集：日野淳（幻冬舎）
　　　中島洋一（幻冬舎）
編集協力：柴那典
　　　　　宮田文郎

VERBAL《バーバル》

1999年7月にavex/rhythm zoneよりデビューした3人グループ"m-flo"のフロントアクトを務めている。音楽活動をする一方、本名の柳 榮起《りゅうよんぎ》として、AMBUSH®等のジュエリーブランドの運営を主とする「有限会社 柳」の代表取締役社長も務め、3Dマッピング等を専門とするクリエイティブエージェンシー「WHATiF」の設立メンバーでもある。


# フィーチャリング力

## あなたの価値を最大化する奇跡の仕事術

2013年2月25日 第1刷発行

著　者 VERBAL《バーバル》

発行者 見城徹

発行所 株式会社 幻冬舎
〒151-0051 東京都渋谷区千駄ヶ谷4-9-7
電話 03(5411)6211(編集)
03(5411)6222(営業)
振替 00120-8-767643

印刷・製本所 中央精版印刷株式会社

検印廃止



万一、落丁乱丁のある場合は送料小社負担でお取替致します。小社宛にお送り下さい。

本書の一部あるいは全部を無断で複写複製することは、法律で認められた場合を除き、著作権の侵害となります。

定価はカバーに表示してあります。

©VERBAL, GENTOSHA 2013
Printed in Japan



ISBN978-4-344-02342-0 C0095
幻冬舎ホームページアドレス http://www.gentosha.co.jp/
この本に関するご意見・ご感想をメールでお寄せいただく場合は、comment@gentosha.co.jp まで。